SUPPEN

55 Rezepte die glücklich machen

SUPPEN

55 Rezepte die glücklich machen

Koch dich glücklich!

CHRISTIAN

Inhalt

WARENKUNDE

Suppengemüse

Karotten

Karotten sind ebenso vielseitig in ihrer Verwendung wie in ihrer Namensgebung. Möhre oder einfach Wurzel wird das Gemüse vor allem in Nord- und Ostdeutschland genannt, Gelbe Rübe ist als Bezeichnung eher in Süddeutschland geläufig. Die Karotte enthält große Mengen Carotin und ist sehr sortenreich. Es gibt sie nicht nur orangefarben, sondern auch blassgelb und tiefrot und neben den bekannten länglichen tauchen auch kugelige, runde Formen auf. Ihr Geschmack ist lieblich süß und trotzdem ein wenig erdig. Die meisten Inhaltsstoffe befinden sich dicht unter der Schale, deshalb ist es empfehlenswert, die Karotten gründlich gewaschen und ungeschält zu verwenden. Das Gemüse ist außerordentlich reich an Betacarotin und Kalium, Folsäure und Ballaststoffen und enthält zudem Vitamin C und E, B1, B2, B6, Niacin und Pantothensäure.
Einkaufstipp: Frische, knackige Karotten lassen sich gut brechen und sind nicht biegsam. Junge Karotten werden beispielsweise auf dem Wochenmarkt mit Grün angeboten, das keine welken Stellen haben und frisch sein sollte.
Lagerung: 10–30 Tage (ohne Grün) im Gemüsefach des Kühlschranks, junge Karotten nur etwa 10 Tage, im Herbst geerntete Karotten bis zu 3 Monate im kühlen, dunklen, luftigen Keller (ohne Grün)
Frisch: Juni bis November
Lagerware: Dezember bis Mai

Knollensellerie

Wegen seines würzigen Geschmacks ist Sellerie eine der klassischen Grundzutaten für Brühen und als Suppengemüse unverzichtbar. Die Knollen sind sehr ballaststoffreich, enthalten viele ätherische Öle und sind besonders reich an Kalzium, Vitamin B6, Carotin, Niacin und Pantothensäure. Sellerie wirkt reinigend auf Nieren und Blase, fördert die Verdauung und ist entzündungshemmend. Die meisten Inhaltsstoffe befinden sich dicht unter der dicken rauen Schale. Deshalb empfiehlt es sich, die Knollen – wann immer möglich – ungeschält und lediglich gründlich abgebürstet zu verwenden. Knollensellerie harmoniert sehr gut mit Muskatnuss, Szechuanpfeffer und Rosmarin.

Einkaufstipp: Bei Sellerie immer feste, knackige Knollen ohne Verfärbungen bevorzugen. Bei jungem Sellerie auf frische Wurzeln und Blätter achten. Ältere Knollen schmecken oftmals etwas scharf und können hohle oder holzige Stellen aufweisen, junge Sellerieknollen hingegen sind meist sehr zart und schmecken milder.
Lagerung: 2 Wochen im Gemüsefach des Kühlschranks
Frisch: Juli bis November
Lagerware: Dezember bis Juni

Lauch

Porree oder Lauch ist eines der mildesten Zwiebelgewächse, das vor allem in Suppen, aber auch als eigenständiges Gemüse sehr gut schmeckt. Lauch enthält sehr viel Vitamin C und Folsäure und ist reich an Ballaststoffen. Aufgrund dieser Inhaltsstoffe und dank der enthaltenen Schwefelverbindungen wirkt Lauch entgiftend und entschlackend. Grundsätzlich kann Lauch beinahe vollständig verwendet werden, auch die grünen oberen Teile, die sonst gern weggeschnitten werden. Dieser Teil ist zwar etwas härter als der Rest der Pflanzen, liefert jedoch ein sehr intensives Laucharoma, das vor allem für Suppen und Saucen wünschenswert ist. Lauch muss immer gründlich gereinigt werden, da sich zwischen den Blättern gern Erde sammelt, die erst beim Schneiden zum Vorschein kommt.

Einkaufstipp: Lauchstangen sollten keine Verfärbungen oder Verletzungen aufweisen, prall und knackig sein und eine frische Wurzel haben. Wurde die Wurzel bereits entfernt, kann man nur noch am Stielende erkennen, wie frisch der Lauch ist.
Lagerung: 1 Woche im Gemüsefach des Kühlschranks
Frisch: Juni bis November
Lagerware: Dezember bis März

Petersilie

Petersilie ist sowohl als glatte als auch als krause Sorte erhältlich. Die glatte Petersilie überzeugt durch ihr oftmals intensiveres Aroma, krause Sorten sind im Gegenzug etwas robuster und durch ihre Blattrosetten dekorativer. Der Geschmack der Petersilie erinnert an Sellerie und findet vor allem in Salaten, Saucen und Suppen Verwendung. Zudem ist dunkelgrüne Petersilie außerordentlich reich an Vitamin C, Betacarotin, B-Vitaminen, Chlorophyll, Eisen, Mangan, Kalium, Folsäure und Bioflavonen. Petersilie stärkt die Abwehrkräfte, regt den Stoffwechsel, die Verdauung und den Appetit an und beeinflusst die Entwässerung und Entgiftung positiv. Auch optisch macht sie etwas her und wird gerne zum Dekorieren von Speisen verwendet.

Einkaufstipp: Petersilie sollte frisch und saftig-grün sein und keine welken oder braunen Stellen aufweisen.
Lagerung: einige Tage im Gemüsefach des Kühlschranks
Frisch: Mai bis November

Selleriekraut/ Schnittsellerie

Die Wurzel des Schnitt- oder Würzselleries ist kaum ausgeprägt, dafür bildet diese Sellerievariante viele an Petersilie erinnernde Blätter aus. Diese werden fein gehackt und entweder frisch verwendet oder mitgekocht. Die ätherischen Öle der Blätter geben Suppen eine feine Würze. Neben dem klassischen Schnittsellerie können auch die Blätter von Knollen- und Staudensellerie zum Würzen verwendet werden. Eine Mischung getrockneter Sellerieblätter mit Kochsalz wird im Handel als Selleriesalz angeboten. Schnittsellerie soll die Nerven stärken, entwässernd wirken und außerdem die Libido fördern.
Einkaufstipp: Der Schnittsellerie sollte frisch und saftig-grün sein und keine welken oder braunen Stellen aufweisen.
Lagerung: einige Tage im Gemüsefach des Kühlschranks
Frisch: Mai bis November

Steckrüben

Im Mittelalter war die weiße Rübe eines der wichtigsten Grundnahrungsmittel, wurde jedoch allmählich von der Kartoffel verdrängt. Während des Ersten Weltkriegs war die Steckrübe in Deutschland Hauptnahrungsmittel und wurde in unzähligen Varianten verarbeitet. Heute findet man sie eher in Spanien, Italien, Frankreich, Nord- und Osteuropa. Sie ist dort sehr beliebt, weil sie viel Energie liefert. Man unterscheidet die jungen, frühen Mairüben und die größeren Herbstrüben, die bis zu 2 Kilogramm wiegen können. Beide sind eng miteinander verwandt, haben eine annähernd runde Form, eine grüngelbliche bis rötliche Schale und weißliches bis gelbes Fleisch. Roh erinnert ihr Geschmack mit seiner Schärfe an Rettich, gekocht werden sie mild und süßlich. Steckrüben sind reich an Kohlenhydraten in Form von Zucker, Natrium, Kalium, B-Vitaminen und Folsäure. Sie verfügen über einen hohen Wasseranteil und sind dadurch auch sehr kaloriearm. Ihre Vorbereitung ist denkbar einfach: gründlich waschen, schälen und in entsprechende Stücke schneiden.
Einkaufstipp: Steckrüben sollten keine Druckstellen oder Verfärbungen aufweisen und das Fruchtfleisch sollte nicht holzig sein.
Lagerung: 3 Wochen im Gemüsefach des Kühlschranks
Frisch: Mai (Mairübe) bis Oktober (Herbstrübe)
Lagerware: Januar bis März

Wurzelpetersilie

Im Gegensatz zur Blattpetersilie bildet die Wurzelpetersilie dicke Wurzeln mit würzigem Aroma aus. Die Wurzeln sind außen beigegrau und stark zerfurcht, innen sind sie weiß und duften intensiv nach Petersilie. Die Pastinake ist eng mit der Petersilienwurzel verwandt und oftmals nur schwer von ihr zu unterscheiden. Die Pastinake ist jedoch meist etwas dicker, hat aber im Gegensatz zur Petersilienwurzel immer einen ausgeprägten Rand um den Austrittsbereich der Blätter. Beide Wurzelgemüse, die früher zu den wichtigsten Grundnahrungsmitteln zählten, wurden zunehmend von der Kartoffel verdrängt. Petersilienwurzeln sind reich an Kohlenhydraten, Eiweiß, Kalzium, Eisen, B-Vitaminen, Folsäure und ätherischen Ölen. Sie wirken appetitanregend, entwässernd und schleimlösend. Wie bei vielen Wurzelgemüsen empfiehlt es sich, sie ungeschält zu verwenden. Dazu werden sie mit einer Bürste unter fließendem Wasser gründlich gewaschen. Petersilienwurzeln sind wunderbar als Rohkost zu verarbeiten und harmonieren sehr gut mit Dill, Kerbel, Petersilie, Thymian und Lorbeer. Ihre Blätter können wie Petersilie verwendet werden.

Einkaufstipp: Beim Einkauf feste, knackige Wurzeln ohne Druckstellen oder Verfärbungen wählen.

Lagerung: 3 Wochen im Gemüsefach des Kühlschranks, unter 2 °C mehrere Monate

Frisch: September bis Januar

Lagerware: Januar bis April

Zwiebeln

Die Zwiebel, Lauchgewächs und sehr alte Kulturpflanze, ist eine unverzichtbare Küchenzutat, die in fast jedes Gericht passt. Ihre schwefelhaltigen ätherischen Öle sind verantwortlich für die typische beißende Schärfe in der Knolle. Grundsätzlich gilt die Regel: Je schärfer eine Zwiebel ist, umso länger ist sie auch haltbar. Ihre enthaltenen Sulfide wirken stark antioxidativ, zudem enthalten Zwiebeln Vitamin B6, Fluor, Jod und Selen. Rohe Zwiebeln regen Magen und Darm an, stimulieren die Schleimhäute der oberen Atemwege und wirken antibakteriell. In der Küche versucht man, der beißenden Schärfe, die vor allem beim Schneiden der Knollen zutage tritt, mit verschiedenen Tricks mehr oder weniger erfolgreich entgegenzuwirken. Als hilfreich hat sich erwiesen, während des Schneidens einen Schluck Wasser in den Mund zu nehmen, um das Tränen der Augen zu reduzieren. Kontaktlinsenträger sind dabei klar im Vorteil, denn die Linse schützt das Auge vor den reizenden Schwefelverbindungen.

Einkaufstipp: Frische Zwiebeln sollten knackig und prall sein, keinesfalls dürfen sie weiche oder faulige Druckstellen aufweisen.

Lagerung: frische Zwiebeln 2 Wochen im Gemüsefach des Kühlschranks, getrocknete Zwiebeln bis zu 6 Monate bei trockener, luftiger und dunkler Lagerung

Frisch: Juni bis Oktober

Lagerware: November bis Mai

Suppenfleisch

Suppenfleisch stammt eigentlich immer vom Rind oder Kalb, gelegentlich wird aber auch Lamm oder Schwein genommen. Für Suppen und Brühen werden fünf verschiedene Stücke vom Rind verwendet, die sich im Verhältnis von Fleisch, Fett und Knochen unterscheiden. Jedes Stück beeinflusst zudem das Aroma und die Beschaffenheit der Suppe unterschiedlich. Besonders gut eignen sich jedoch durchwachsene Stücke mit Knochenanteil. Es lohnt sich, beim Metzger nach Suppenfleisch zu fragen, dort bekommt man meist eine gute Mischung aus verschiedenen Fleischstücken und Knochen. Während die Hohe Rippe und die Querrippe nach dem Zubereiten einer Fleischbrühe nur noch wenig verzehrbares Fleisch enthalten, kann das gekochte Fleisch von Beinscheibe und Rinderbrust als aromatische Suppeneinlage verwendet werden.

Um dabei saftiges Fleisch zu erhalten, sollte das Wasser zum Kochen gebracht und dann das Fleisch zugegeben werden. Dadurch schließen sich die Fleischporen sofort und das Fleisch bleibt saftig und kann als Tellerfleisch verzehrt werden. Stücke wie die Querrippe oder der Ochsenschwanz enthalten wenig verwertbares Fleisch, sie dienen eher zur Herstellung einer kräftigen Brühe und werden zu Beginn ins kalte, ungesalzene Wasser gegeben. Als Faustformel für die Garzeit gelten 2 Stunden pro Kilogramm Suppenfleisch.

Beinscheibe

Die Beinscheibe, auch Rinderhesse oder Wade genannt, wird etwa 3–5 cm dick aus dem vorderen oder hinteren Unterschenkel des Rindes oder Kalbs geschnitten und enthält in der Mitte immer ein Stück Knochen, umgeben von Fleisch des Unterschenkels. Dieses Fleisch ist saftig, sehnenreich und fettdurchwachsen. Die Brühe, die aus der Beinscheibe gekocht wird, ist hell, sehr klar und mittelmäßig aromatisch. Dieses Stück macht sich gut in Eintöpfen und Suppen, da es nur sehr wenig Fett abgibt. Ausgebeint ist vor allem das Fleisch der hinteren Hesse sehr gut für Rindsgulasch geeignet.
Einkaufstipp: 1 Kilogramm reicht für rund ½ Liter Brühe.

Rinderbrust

Das Bruststück besteht jeweils zur Hälfte aus Fleisch und Knochen beziehungsweise Fett. Es ergibt eine klare Brühe mit einem mäßig kräftigen Aroma (vergleichbar mit der Brühe aus der Beinscheibe). Das Fleisch ist ein großes zusammenhängendes, relativ festes Stück, das mehr Fett als die Beinscheibe und der Ochsenschwanz abgibt. Das Fleisch kann man nach der Zubereitung einer Brühe noch gut weiterverwenden, beispielsweise als Suppeneinlage. Man kann das Fleisch auch wie einen Tafelspitz etwa mit Meerrettichsauce verzehren.
Einkaufstipp: 1 Kilogramm reicht für etwa 1 Liter Brühe.

Querrippe

Bei der Querrippe handelt es sich um das vordere Teilstück der Rippen vom Rind unterhalb von Rinderhals und Hochrippe. Sie weist ein etwa gleiches Verhältnis von Fleisch/Knochen und Fett auf und ergibt somit eine sehr fettige Brühe. Diese ist klar und schön aromatisch. Die Querrippe eignet sich gut für Kraftbrühe. Nach dem Kochen ist der verbleibende Fleischanteil gering. Querrippen werden entbeint und mit Knochen angeboten.
Einkaufstipp: 1 Kilogramm reicht für etwa 1 Liter Brühe.

Hohe Rippe

Die Hohe Rippe enthält keine Knochen, ist gleichmäßig mit Fett durchzogen und besitzt sehr zarte Fleischfasern. Die Rippe eignet sich besonders zum Kochen einer kräftigen Rindfleischbrühe. Diese ist sehr aromatisch, recht dunkel, aber klar. Das zarte Fleisch kann anschließend klein geschnitten als Suppeneinlage verwendet werden und eignet sich deshalb hervorragend für eine Fleischsuppe.
Einkaufstipp: 1 Kilogramm reicht für etwa 1 Liter Brühe.

Ochsenschwanz

Der Ochsenschwanz ist ein Teilstück des Hinterviertels des Rinds. Er ist meist in 5 cm langen Stücken erhältlich und von sehniger und knochiger Beschaffenheit. Der Schwanz setzt sich aus beweglichen, miteinander verbundenen Segmenten zusammen, die zum Schwanzende hin immer kleiner und magerer werden. Wenn die Ochsenschwanzscheiben scharf angebraten werden, bilden sich Röststoffe, die Suppen und Brühen einen kräftigen Geschmack verleihen. Die Brühe ist trüb und kann gut als Grundlage für Risotto und Ragout verwendet werden. Das Fleisch sitzt fest und enthält viele Knorpel und Sehnen, was das Ablösen nach dem Kochen etwas schwierig machen kann.
Einkaufstipp: 1 Kilogramm reicht für etwa 1 Liter Brühe.

KüchenPraxis

Rinderbrühe selbst gemacht

Für ca. 2 l | 30 Minuten + ca. 4 Stunden Kochzeit | leicht

ZUTATEN

3 kg Rinderknochen (auch mit Mark und Fleisch)
100 g Tomatenmark
4 frische Lorbeerblätter
4 Zwiebeln
4 Karotten
4 Tomaten
4 Stangen Staudensellerie
1 Handvoll frische Petersilie
1 TL Pfefferkörner

1 Den Ofen auf 200 °C Umluft vorheizen. Die Rinderknochen abbrausen, trockentupfen und in eine Bratreine geben. Mit dem Tomatenmark bestreichen und mit den Lorbeerblättern bestreuen. Im Ofen etwa 1 Stunde braun anbraten. Anschließend die Knochen herausnehmen und, falls nötig, Fett abgießen.

2 Die Reine auf den Ofen stellen. Etwas Wasser angießen und den Bratensatz bei geringer Temperatur lösen. Den gelösten Bratensatz in einen Bräter füllen.

3 Zwiebeln abziehen. Karotten schälen, Tomaten waschen und Sellerie waschen und putzen. Dann alles in grobe Stücke schneiden. Die Petersilie abbrausen und trockenschütteln. Alles zusammen mit den Knochen und den Pfefferkörnern in den Bräter geben und 4 l kaltes Wasser angießen. Aufkochen und 2–3 Stunden bei geringer Temperatur köcheln lassen. Währenddessen nicht rühren, nur gelegentlich den entstandenen Schaum abschöpfen.

4 Die fertige Rinderbrühe durch ein feines Sieb gießen, auffangen und abkühlen lassen. Im Kühlschrank vollständig erkalten lassen und das fest gewordene Fett von der Oberfläche entfernen.

Koch dich glücklich Nur grüne Deko am Tellerrand? Das wäre schade, denn Petersilie ist so viel mehr – durch ihre Vitalstoffe und Spurenelemente ist sie ein echtes Wunderkraut. Übrigens: Wenn du regelmäßig Petersilie kaust, kannst du dich über einen frischen Körper- und Mundgeruch freuen.

Hühnerbrühe selbst gemacht

Für ca. 2 l | 25 Minuten + ca. 2 Stunden Kochzeit | leicht

ZUTATEN

2 Zwiebeln
3 Karotten
3–4 Stangen Staudensellerie (mit Grün)
1 Handvoll frische Petersilie
1 TL Pfefferkörner
3–4 getrocknete Wacholderbeeren
2 getrocknete Lorbeerblätter
1 Hähnchen (ca. 1,4 kg)

1 Die Zwiebeln abziehen und vierteln. Die Karotten schälen und in grobe Stücke schneiden. Den Sellerie waschen, putzen und grob zerteilen. Die Petersilie abbrausen, trockenschütteln und mit dem Gemüse in einen großen Topf geben. Pfefferkörner, Wacholderbeeren und Lorbeerblätter dazugeben.

2 Das Hähnchen waschen, trockentupfen und obenauf setzen. Etwa 3 l Wasser angießen. Zum Kochen bringen und anschließend etwa 2 Stunden bei geringer Temperatur köcheln lassen. Den anfallenden Schaum abschöpfen.

3 Die fertige goldfarbene Brühe vom Herd nehmen, das Hähnchen herausheben und anderweitig verwenden. Die Brühe durch ein feines Sieb gießen und auffangen. In einem großen Gefäß erkalten lassen. Die Fettschicht auf der kalten Brühe mit einem Löffel entfernen.

4 Den Fond zum Beispiel für eine Suppe oder Sauce verwenden. Gekühlt ist der Fond etwa 2 Tage haltbar. Zum längeren Aufheben einfach einfrieren und bei Bedarf auftauen.

Koch dich glücklich Kalorienarm, lecker und richtig gesund: Die Karotten gehören zu den Topstars unter den Gemüsesorten. Und dass sie gut für die Augen sind, stimmt tatsächlich. Denn in ihnen steckt reichlich Betacarotin, eine Vorstufe von Vitamin A, das unter anderem für die Sehfähigkeit wichtig ist.

Gemüsebrühe selbst gemacht

vegan

Für ca. 2 l · 20 Minuten + ca. 2 Stunden Kochzeit · leicht

ZUTATEN

2 Zwiebeln
4 Knoblauchzehen
3 Stangen Lauch
3 Stangen Staudensellerie
4 Karotten
1 Handvoll frische Petersilie
5–6 Stängel frischer Thymian
2 EL Olivenöl
250 g braune Champignons

1 Den Ofen auf 200 °C Umluft vorheizen. Das Gemüse waschen beziehungsweise putzen und abziehen. Dann alles in grobe Stücke schneiden. Die Petersilie und den Thymian abbrausen und trockenschütteln. Alles zusammen auf ein tiefes Backblech geben, mit 1 EL Olivenöl beträufeln und im Ofen etwa 1 Stunde goldbraun braten.

2 Die Champignons putzen und halbieren. In einem großen Bräter (oder einem Topf) im restlichen Öl auf dem Herd goldbraun anschwitzen.

3 Das Gemüse mit in den Bräter geben und mit 3 l Wasser auffüllen. Aufkochen und etwa 1 Stunde bei geringer Temperatur köcheln lassen. Zwischendurch eventuell entstandenen Schaum abschöpfen.

4 Die Gemüsebrühe durch ein mit einem Baumwolltuch ausgelegtes Sieb gießen und das Gemüse gut ausdrücken. Entweder weiterverwenden, oder auskühlen lassen und im Kühlschrank bis zu 5 Tage aufbewahren oder einfrieren.

Koch dich glücklich Champignons geben dir volle Power aus Eiweiß, Kupfer, Kalium, B-Vitaminen und Ballaststoffen. Außerdem enthalten sie das Provitamin D, das im Körper zu Vitamin D umgewandelt wird. Und das wiederum sorgt dafür, dass deine Knochen besser mit wichtigem Kalzium versorgt werden.

Fischbrühe selbst gemacht

Für ca. 2 l | 20 Minuten + ca. 20 Minuten Kochzeit | leicht

ZUTATEN

1 kg Fischkarkassen
1 Fenchelknolle
2 Zwiebeln
4 Babykarotten
2 Stangen Staudensellerie
1 Handvoll frische Petersilie
120 ml trockener Weißwein
Saft von ½ Zitrone

1 Die Karkassen abbrausen und in einen großen Topf füllen. Fenchel, Zwiebeln, Karotten und Sellerie waschen beziehungsweise abziehen, schälen und putzen. Dann alles in grobe Stücke schneiden. Die Petersilie abbrausen und trockenschütteln. Die vorbereiteten Zutaten mit in den Topf geben und 2,5 l Wasser angießen. Dann den Wein hinzufügen.

2 Den Zitronensaft dazugeben, aufkochen und etwa 20 Minuten bei geringer Temperatur köcheln lassen.

3 Von der Herdplatte nehmen und den Fond durch ein mit einem Baumwolltuch ausgelegtes Sieb gießen. Entweder für Suppen und Saucen weiterverwenden oder vollständig auskühlen lassen und bis zur Verwendung im Kühlschrank kalt stellen oder einfrieren.

Koch dich glücklich Fisch und Fenchel harmonieren wunderbar miteinander – und es lohnt sich durchaus, wenn du mehr Fenchel isst. Denn die Wirkstoffe der feinen Knolle, beispielsweise Magnesium, können Krämpfe in der Muskulatur lösen und bei Blähungen helfen.

Suppeneinlagen

Mit ein oder zwei Suppeneinlagen wird eine Brühe schon zu einer kleinen eigenständigen Mahlzeit, die wärmt und sättigt. Viele Einlagen bekommt man als Fertigware im Supermarkt, allerdings sind Croûtons, Grießklößchen oder Flädle auch im Handumdrehen selbst zubereitet und schmecken so einfach besser.
Bei manchen Einlagen ist Vorsicht geboten: Backerbsen oder Flädle dürfen zum Beispiel erst unmittelbar vor dem Servieren mit der Brühe in Berührung kommen, da sie sonst schnell durchweichen.

Backerbsen

sind eine typische Suppeneinlage aus Mehl, Eiern, Milch und Salz. Der flüssige Teig wird durch eine Küchenreibe in heißes Fett getropft und so frittiert. Als knusprige Einlage werden Backerbsen erst kurz vor dem Servieren in die heiße Suppe gegeben. Sie sind auch als getrocknetes Fertigprodukt erhältlich.

Croûtons

sind kleine Würfel aus in Fett geröstetem Weißbrot. Sie sind schnell und einfach gemacht: lediglich das Weißbrot entrinden und in kleine Würfel schneiden, in einer Pfanne Butter oder Olivenöl erhitzen und die Brotwürfel darin knusprig goldbraun anbraten. Danach auf etwas Küchenpapier abtropfen lassen. Croûtons dienen traditionell als Suppeneinlage für Tomatensuppe oder Gazpacho, sind aber auch als Salatbeigabe sehr beliebt.

Suppennudeln

gibt es in den verschiedensten Formen und Größen. Typisch – und vor allem bei Kindern sehr beliebt – sind die kleinen Nudeln in Form von Muscheln, Buchstaben oder Sternchen. Um eine Trübung der Suppe durch das direkte Garen der Nudeln in der Brühe zu vermeiden, werden Suppennudeln oftmals vorab separat in Salzwasser gekocht. Die fertig gegarten Nudeln werden dann kurz vor dem Servieren in die heiße Suppe gegeben.

Eierstich

Eierstich ist Bestandteil jeder klassischen Hochzeitssuppe und besteht aus mit Sahne verquirltem Ei, das in einem Wasserbad zum Stocken gebracht wird. Nach dem Abkühlen wird der Eierstich dann mit einem Messer in Form geschnitten. Als besondere Variante kann der Eierstich auch mit unterschiedlichen Plätzchenformen ausgestochen und anschließend in die Suppe gegeben werden - eine nette Idee, die vor allem Kinder begeistert.

Für 4 Personen
10 Minuten + ca. 20 Minuten Kochzeit
leicht

ZUTATEN

5 Eier
100 ml süße Sahne
Salz
frisch gemahlener Pfeffer
weiche Butter für die Form
1 l Hühner- oder Gemüsebrühe

1 Die Eier mit der Sahne verquirlen und mit Salz und Pfeffer würzen. Eine flache, eckige Form mit der Butter ausstreichen und die Eiermasse hineingießen.

2 Die Form in einen breiten Topf stellen und heißes Wasser angießen, bis die Form zu zwei Dritteln im Wasser steht. Mit Alufolie abdecken und bei geringer Temperatur etwa 20 Minuten stocken lassen. Danach auf die Arbeitsfläche stürzen und abkühlen lassen. In etwa 3 × 3 cm große Würfel schneiden.

3 Die Brühe aufkochen und mit Salz und Pfeffer abschmecken. Den Eierstich in die Suppe geben und servieren.

Koch dich glücklich Pfeffer ist ein gesunder Scharfmacher. Seine wichtigste Eigenschaft: die entzündungshemmende, fiebersenkende und immunstärkende Wirkung durch Piperin. Und der Inhaltsstoff Capsaicin soll gegen Heuschnupfen helfen.

Markklößchen

Markklößchen werden aus Knochenmark vom Rind oder Kalb, Weißbrot und Eiern hergestellt. Formt man die Klößchen mit angefeuchteten Händen, klebt die Masse weniger an den Fingern und lässt sich besser verarbeiten

Für 4 Personen
20 Minuten + ca. 30 Minuten Ruhezeit + ca. 30 Minuten Kochzeit
leicht

ZUTATEN

200 g Rindermark
3 Eier
200–220 g Weißbrotbrösel
2 TL frisch gehackte Petersilie
1 Msp. abgeriebene, unbehandelte Zitronenschale
Salz
frisch geriebene Muskatnuss
1 l Hühner- oder Rinderbrühe

1 Für die Markklößchen das Mark bei geringer Temperatur zerlassen, durch ein Sieb gießen und mit einem Schneebesen schaumig rühren.

2 Eier, Weißbrotbrösel und Petersilie dazugeben und mit Zitronenabrieb, Salz und Muskat würzen. Etwa 30 Minuten ruhen lassen.

3 Anschließend kleine Bällchen aus der Masse formen und in leicht siedender Brühe etwa 15 Minuten gar ziehen lassen.

Koch dich glücklich Brühe und Mark feiern besonders in den Küchen von London und New York gerade ihr Comeback. Die Brühe soll Gewebe und Knochen aufbauen, gegen Entzündungen helfen, Stimmung und Schlaf verbessern und überhaupt rundum gesund sein. Und das Mark gilt schon seit der Steinzeit wegen des enthaltenen Kollagens und der mehrfach ungesättigten Fettsäuren als Energielieferant.

Grießnockerl oder Grießklößchen

Grießnockerl werden aus Butter, Grieß und Ei hergestellt und erhalten durch die Zugabe von Muskat ihren feinen Geschmack.

Für 4 Personen
15 Minuten + ca. 20 Minuten Quellzeit + ca. 20 Minuten Kochzeit
leicht

ZUTATEN

40 g weiche Butter
Salz, frisch geriebene Muskatnuss
1 Ei, 50 g Grieß
1 l klare Hühner- oder Rinderbrühe
frisch gemahlener Pfeffer

1 Die Butter mit ½ TL Salz und einer Prise Muskat schaumig rühren. Das Ei und den Grieß unterschlagen und mindestens 20 Minuten quellen lassen.

2 Die Brühe zum Kochen bringen. Mit Salz und Pfeffer abschmecken.

3 Aus dem Grießteig mit zwei in Wasser getauchten Teelöffeln Nocken abstechen. In die köchelnde Brühe geben und bei geringer Temperatur etwa 15–20 Minuten gar ziehen lassen.

Koch dich glücklich

Muskat – eine kleine Nuss mit großer Wirkung. Ihre Inhaltsstoffe schützen nicht nur dein Herz, sondern stärken auch Magen und Darm. Muskat zählt zu den Aphrodisiaka. Schon die alten Inder und Araber kannten seine stimulierende Wirkung.

Flädle oder Fritatten

Flädle oder Fritatten sind dünne Pfannkuchen, die in feine Streifen geschnitten werden. Je nach Region gibt es unterschiedliche Bezeichnungen für den aus Milch, Mehl und Eiern zubereiteten Pfannkuchen.

Für 4 Personen
30 Minuten + ca. 15 Minuten Kochzeit + ca. 30 Minuten Kühlzeit
leicht

ZUTATEN

1 Handvoll frische Petersilie
20 g Butter
ca. 200 ml Milch
100 g Weizenmehl
1 Prise Salz
3 Eier
ca. 4 EL Sonnenblumenöl oder Butterschmalz
1 l Hühner-, Gemüse- oder Rinderbrühe

ZUM GARNIEREN

frische Schnittlauchröllchen oder frisch gehackte Petersilie

1 Die Petersilie abbrausen, trockenschütteln, die Blättchen abzupfen und fein hacken. Die Butter in einem kleinen Topf schmelzen lassen, dann von der Herdplatte ziehen und abkühlen lassen. Die Milch mit dem Mehl in einer Schüssel mit dem Schneebesen glatt rühren. Salz, Butter und Eier dazugeben und zu einem glatten Teig verrühren.

2 Ein wenig Öl oder Butterschmalz in eine heiße beschichtete Pfanne geben und eine Kelle Teig hineingeben. Die Pfanne schwenken, sodass der Pfannenboden bedeckt ist. Den Teig 1–2 Minuten goldbraun anbacken, dabei mit der Petersilie bestreuen. Dann mit einem Pfannenwender oder einer Palette wenden. Auf der zweiten Seite ebenfalls goldbraun backen, aus der Pfanne nehmen und auf einen Teller legen. Mit dem restlichen Teig so fortfahren, bis alle Pfannkuchen gebacken sind.

3 Währenddessen alle fertigen Pfannkuchen aufeinanderlegen, sodass sie nicht trocken werden. Abgedeckt mindestens 30 Minuten kalt stellen.

4 Die Brühe aufkochen. Inzwischen die kalten Pfannkuchen (so bleiben sie beim Schneiden besser in Form) mit einem Küchenmesser in etwa 0,5 cm breite Streifen schneiden. Auf Suppenteller verteilen, mit heißer Brühe übergießen und mit Schnittlauchröllchen oder gehackter Petersilie bestreut servieren.

Koch dich glücklich Der darübergestreute Schnittlauch gibt der Suppe einen Extrakick – und dir auch. Denn er ist reich an Vitamin C, enthält große Mengen an Senfölen und heilsamen Schleimstoffen. Dazu liefert er alle Mineralstoffe und Spurenelemente, die die Natur so zu bieten hat.

REZEPTE

Rucola-Feta-Suppe mit Szechuanpfeffer

vege-
tarisch

Für 4 Personen 15 Minuten + ca. 10 Minuten Kochzeit leicht

ZUTATEN
4 Handvoll frischer Rucola
1 Zwiebel
4 EL Olivenöl
80 ml trockener Weißwein
400 ml Gemüsebrühe
100 ml Sauerrahm
200 g Feta
Salz, frisch gemahlener Pfeffer
100 g rote Cocktailtomaten
100 g gelbe Cocktailtomaten

ZUM GARNIEREN
frischer Rucola
Szechuanpfeffer

1 Den Rucola waschen, trockenschleudern und hacken. Die Zwiebel abziehen, fein würfeln und in 2 EL heißem Olivenöl anschwitzen. Den Rucola dazugeben, kurz mit anschwitzen, dann Wein, Gemüsebrühe und Rahm angießen, aufkochen und etwa 5 Minuten bei geringer Temperatur köcheln lassen.

2 Den Feta in die Suppe bröckeln und alles fein pürieren. Mit Salz und Pfeffer abschmecken und lauwarm abkühlen lassen.

3 Die Tomaten waschen und halbieren. In dem restlichen heißen Öl anschwenken und auf der Suppe anrichten. Mit Rucola garnieren und mit grob zerstoßenem Szechuanpfeffer bestreut servieren.

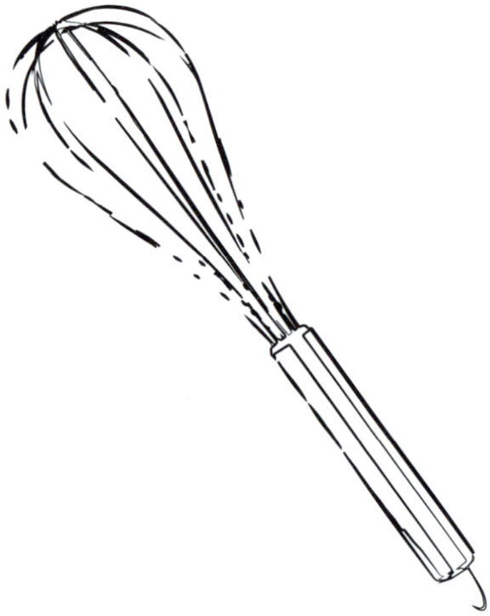

Koch dich glücklich Der kresse- oder rettichähnlich scharf schmeckende Rucola hat eine belebende Wirkung auf deinen Organismus und fördert sowohl Appetit als auch Verdauung. In einem Frischhaltebeutel verpackt hält er sich im Gemüsefach des Kühlschranks bis zu 3 Tage.

Brokkolicremesuppe mit Mandelblättchen

vegetarisch

Für 4 Personen | 25 Minuten + ca. 25 Minuten Kochzeit | leicht

ZUTATEN

500 g Brokkoli
2 Stangen Staudensellerie
1 Zwiebel
1 Knoblauchzehe
10 g frischer Ingwer
10 g Butter
ca. 600 ml Gemüsebrühe
2 EL Mandelblättchen
100 g Crème fraîche
Salz
1–2 EL Zitronensaft
frisch gemahlener Pfeffer

1 Den Brokkoli waschen, putzen und in kleine Röschen zerteilen. Den Stiel schälen und würfeln. Den Sellerie waschen und klein schneiden. Zwiebel und Knoblauchzehe abziehen und fein hacken. Ingwer schälen und ebenfalls fein hacken.

2 Zwiebeln und Knoblauch in der heißen Butter in einem großen Topf anschwitzen. Sellerie und Brokkoli dazugeben und mit der Gemüsebrühe ablöschen. Etwa 15 Minuten bei geringer Temperatur köcheln lassen.

3 Die Mandelblättchen in einer Pfanne ohne Fett goldbraun rösten, danach herausnehmen und auskühlen lassen.

4 Die Suppe fein pürieren. Die Crème fraîche einrühren. Je nach gewünschter Konsistenz noch ein wenig einköcheln lassen oder Brühe hinzufügen. Mit Salz, Zitronensaft und Pfeffer abschmecken.

5 Schaumig aufmixen, in Suppenschalen füllen und mit Mandelblättchen garniert servieren.

Koch dich glücklich Brokkoli versorgt dich mit jeder Menge Vitamin C und schützt dadurch vor Erkältungen. Hinzu kommen große Mengen Eisen, Magnesium, Kalium und Folsäure. Und: In dem Gemüse findet sich das Antioxidans Sulforaphan, das deine Haut vor UV-Strahlung schützt.

Paprikacremesuppe mit Würstchen

Für 4 Personen | 25 Minuten + ca. 20 Minuten Kochzeit | leicht

ZUTATEN

2 rote Paprikaschoten
1 Zwiebel
1 Knoblauchzehe
4 EL Sonnenblumenöl
1 EL Tomatenmark
100 ml trockener Weißwein
400 g stückige Tomaten (aus der Dose)
ca. 250 ml Gemüsebrühe
4 Stängel frische Petersilie
2 Debreciner Würstchen
200 g Schmand
Salz, frisch gemahlener Pfeffer
1 TL Zucker

1 Paprikaschoten waschen, putzen und klein würfeln. Zwiebel und Knoblauchzehe abziehen und fein hacken. 2 EL Öl in einem Topf erhitzen und die Zwiebeln darin glasig anschwitzen. Knoblauch und Paprika dazugeben und 2–3 Minuten mit anschwitzen.

2 Das Tomatenmark einrühren, mit dem Wein ablöschen, Tomaten und Gemüsebrühe dazugeben und etwa 15 Minuten bei geringer Temperatur köcheln lassen.

3 In der Zwischenzeit die Petersilie abbrausen, trockenschütteln, Blättchen abzupfen und in Streifen schneiden. Die Würstchen in Stücke schneiden und im restlichen Öl in einer Pfanne knusprig braten.

4 Die Suppe fein pürieren und etwa 150 g Schmand einrühren. Mit Salz, Pfeffer und Zucker abschmecken. In Schalen geben, Würstchen, je 1 TL Schmand und Petersilie darauf verteilen. Heiß servieren.

Koch dich glücklich Paprika ist eine geniale Schote. Warum? Weil das knackige Gemüse reich an Vitamin C ist – ein starker Schutz für dein Immunsystem. Zudem enthalten Paprika Vitamin E und sorgen damit für die antioxidative Abwehr.

Caesar-Salad-Suppe
mit Knoblauchcroûtons

vege-tarisch

Für 4 Personen | 20 Minuten + ca. 25 Minuten Kochzeit | mittel

ZUTATEN

200 g Knollensellerie
200 g mehligkochende Kartoffeln
1 Zwiebel
4 Knoblauchzehen
5 EL Olivenöl
ca. 600 ml Gemüsebrühe
200 ml Milch
Salz, frisch gemahlener Pfeffer
Worcestershiresauce
Cayennepfeffer
2 Scheiben Toastbrot
3 Römersalatherzen
60 g Parmesan, frisch gerieben
2 Eigelb
100 ml Sauerrahm
Zitronensaft

1 Sellerie und Kartoffeln schälen, Zwiebel und Knoblauchzehen abziehen, zwei Zehen beiseitelegen, den Rest klein würfeln. Alles zusammen in einem heißen Topf in 1 EL Olivenöl farblos anschwitzen.

2 Die Gemüsebrühe und die Milch angießen, mit Salz, Pfeffer, Worcestershiresauce und Cayennepfeffer würzen und etwa 15 Minuten bei geringer Temperatur köcheln lassen.

3 Das Toastbrot entrinden und klein würfeln. In einer heißen Pfanne in 2 EL Olivenöl goldbraun und knusprig braten. Die beiseitegelegten Knoblauchzehen dazupressen und unterheben. Aus der Pfanne nehmen und auf Küchenpapier abtropfen lassen.

4 Den Römersalat waschen, putzen, zwei Stücke längs halbieren, das dritte klein schneiden. Die Salathälften in der heißen Pfanne im restlichen Öl auf beiden Seiten etwa 5 Minuten goldbraun braten. Leicht salzen und pfeffern. Mit 2 EL Parmesan bestreuen und diesen bei geschlossenem Deckel schmelzen lassen.

5 Den klein geschnittenen Salat zur Suppe geben, etwa 5 Minuten kochen lassen, dann die Suppe fein pürieren.

6 Das Eigelb mit dem Rahm und dem restlichen Parmesan verrühren, unter Rühren zur Suppe geben und leicht binden. Nicht mehr kochen lassen und mit Zitronensaft abschmecken.

7 Die Suppe auf Tellern verteilen, den Salat darauflegen und mit den Croûtons bestreut servieren.

Koch dich glücklich Römersalat enthält viel Vitamin C, B-Vitamine und Mineralstoffe – vor allem Kalium und Kalzium. Und: Er sättigt dich auf leichte Art.

Bergkäsesuppe mit Balsamico-Cranberrys

vegetarisch

Für 4 Personen · 25 Minuten + ca. 35 Minuten Kochzeit · leicht

ZUTATEN

250 g frische Cranberrys
50 g Zucker
2 EL roter Portwein
1–2 TL Balsamicoessig
1 Zwiebel
1 Knoblauchzehe
4 EL Butter
2 EL Weizenmehl
250 ml trockener Weißwein
ca. 500 ml Gemüsebrühe
200 ml Milch
200 g Bergkäse
Salz, frisch gemahlener Pfeffer

ZUM GARNIEREN

frische Oreganoblättchen

1 Die Cranberrys waschen und trockentupfen. Zusammen mit dem Zucker und dem Portwein in einem Topf bei geringer Temperatur unter Rühren zum Köcheln bringen. Im ausgetretenen Saft 5–10 Minuten schmoren lassen, dann mit dem Balsamicoessig abschmecken und beiseitestellen.

2 Zwiebel und Knoblauchzehe abziehen, beides würfeln und in einem heißen Topf in 2 EL Butter glasig schwitzen. Das Mehl kurz mit anschwitzen und dann mit dem Wein ablöschen. 2–3 Minuten köcheln lassen, die Gemüsebrühe und die Milch angießen und die Suppe unter regelmäßigem Rühren etwa 10 Minuten sämig köcheln lassen. Durch ein feines Sieb passieren und zurück in den Topf füllen.

3 Die Suppe erhitzen, nach Bedarf noch etwas einkochen lassen oder Brühe hinzufügen. Den Käse reiben und nach und nach unter Rühren in die Suppe streuen. Mit Salz und Pfeffer abschmecken und in Suppenschalen füllen. Die Cranberrys auf den Suppen verteilen und alles mit frischem Oregano bestreuen.

Koch dich glücklich

Kleine Beere, große Kraft: Cranberrys stärken das Immunsystem und stoppen Magenbeschwerden. Neben Mineralstoffen wie Eisen, Kalium und Natrium steckt in ihnen eine Fülle von Vitaminen und damit Antioxidantien, die freie Radikale neutralisieren.

Karottensuppe mit Mango

vegan

Für 4 Personen · 30 Minuten + ca. 25 Minuten Kochzeit · leicht

ZUTATEN

1 Zwiebel, 50 g frischer Ingwer, 250 g Karotten
250 g Kokosmilch (aus der Dose), ca. 800 ml vegane Gemüsebrühe 3–4 Curryblätter, 1 Mango
Saft und Abrieb von ½ unbehandelten Limette
Salz, frisch gemahlener Pfeffer

ZUM GARNIEREN

1 Frühlingszwiebel

1 Die Zwiebel abziehen, den Ingwer schälen, beides fein hacken. Die Karotten schälen und klein würfeln. Von der oberen festen Schicht der Kokosmilch 2 EL – möglichst ohne Flüssigkeit – abnehmen. Diese in einen heißen Topf geben und die Zwiebeln mit dem Ingwer darin glasig anschwitzen. Die Karotten unterheben und kurz mitbraten.

2 Die Gemüsebrühe angießen und das Gemüse damit bedecken. Curryblätter dazugeben und etwa 20 Minuten bei geringer Temperatur köcheln lassen. Die Mango schälen, das Fruchtfleisch in schmalen Scheiben vom Kern schneiden und bis auf einige Scheiben klein schneiden. Die restliche Kokosmilch glatt rühren, zum Garnieren 4 EL abnehmen.

3 Die Suppe vom Herd nehmen, mit dem klein geschnittenen Mangofruchtfleisch fein pürieren, Kokosmilch, Limettenabrieb und -saft unterrühren. Je nach gewünschter Konsistenz noch etwas einköcheln lassen oder Brühe dazugießen und mit Salz und Pfeffer pikant abschmecken.

4 Die Frühlingszwiebel waschen, putzen und in feine Ringe schneiden. Die Suppe mit Mangoscheiben, Lauchzwiebeln und der beiseitegestellten Kokosmilch anrichten. Mit Pfeffer übermahlen und servieren.

Koch dich glücklich Die Mango ist auch als Königin der Früchte bekannt. Das liegt bestimmt nicht nur an ihrem köstlichen Geschmack: Sie ist reich an wertvollen Ballaststoffen, Vitamin C, Polyphenolen und dem Provitamin A. Sie stärkt das Immunsystem und kann dabei helfen, das Hautbild zu verschönern.

Kartoffel-Pastinaken-Suppe

vegan

Für 4 Personen 20 Minuten + ca. 30 Minuten Kochzeit leicht

ZUTATEN

250 g Kidneybohnen (aus der Dose)
2 EL Sonnenblumenöl
1 TL scharfes Paprikapulver
1 TL Currypulver, Salz, frisch gemahlener Pfeffer
400 g mehligkochende Kartoffeln
400 g Pastinaken
1 Zwiebel
1 Knoblauchzehe
ca. 1 l vegane Gemüsebrühe
100 ml Sojasahne

1 Den Ofen auf 200 °C Umluft vorheizen.

2 Die Kidneybohnen in einem Sieb abbrausen und gut abtropfen lassen. Mit 1 EL Öl, Paprika- und Currypulver, Salz und Pfeffer vermengen und auf einem mit Backpapier belegten Backblech verteilen. Im Ofen unter gelegentlichem Wenden 25–30 Minuten knusprig rösten.

3 Kartoffeln und Pastinaken schälen, Zwiebel und Knoblauchzehe abziehen und alles klein würfeln. Zusammen in einem heißen Topf im restlichen Öl farblos anschwitzen. Die Gemüsebrühe angießen, mit Salz und Pfeffer würzen und etwa 20 Minuten bei geringer Temperatur köcheln lassen, bis das Gemüse weich ist. Anschließend fein pürieren, die Sojasahne einrühren und abschmecken.

4 Auf Schüsseln verteilen. Die Bohnen grob zerstoßen, auf die Suppe streuen und mit etwas Pfeffer übermahlen servieren.

Koch dich glücklich Kidneybohnen sind reich an Stärke und Proteinen. Das macht sie nicht nur für Veganer zu einem wertvollen Eiweißlieferanten, sondern für alle, die Muskeln aufbauen wollen. Außerdem versorgen sie dich mit Kalium, Kalzium, Magnesium und Eisen.

Kartoffel-Sellerie-Suppe mit Kräutern

vegetarisch

Für 4 Personen | 15 Minuten + ca. 25 Minuten Garzeit | leicht

ZUTATEN

400 g mehligkochende Kartoffeln
200 g Knollensellerie
½ Stange Lauch
2 EL Pflanzenöl
ca. 800 ml Gemüsebrühe
Salz, frisch gemahlener Pfeffer
100 ml süße Sahne
frisch geriebene Muskatnuss
80 g gemischte frische Kräuter (z. B. Petersilie, Kerbel, Basilikum, Oregano, Salbei)
2–3 EL Olivenöl

1 Die Kartoffeln und den Sellerie schälen, waschen und in kleine Würfel schneiden. Den Lauch der Länge nach halbieren, abbrausen, putzen und klein schneiden.

2 In einem Topf das Pflanzenöl erhitzen und das Gemüse kurz darin anschwitzen. Mit der Brühe aufgießen, salzen, pfeffern und bei mittlerer Temperatur ca. 20 Minuten köcheln lassen.

3 Mithilfe eines Schneidestabes fein pürieren und die Sahne unterrühren. Noch einmal aufkochen und mit Muskat würzen.

4 Die Kräuter waschen, trockentupfen und die Blättchen mit dem Olivenöl fein pürieren. Das Püree in die Suppe rühren, abschmecken und in Suppentassen gefüllt servieren.

Koch dich glücklich Sellerie ist supergesund, daran besteht nicht der geringste Zweifel. Er enthält viele Mineralstoffe und ist eine exzellente Quelle für die Vitamine A, B1, B2, B6 und C. Plus: ätherische Öle, die dein Nervensystem ausbalancieren und beruhigen. Und das Abnehmen soll er auch erleichtern. Ein echtes Power-Lebensmittel!

Kartoffel-Zwiebel-Suppe mit Mandelblättchen

vege-
tarisch

Für 4 Personen | 20 Minuten + ca. 25 Minuten Kochzeit | leicht

ZUTATEN

500 g mehligkochende Kartoffeln
150 g Knollensellerie
4 Zwiebeln
2 Knoblauchzehen
2 EL Butter
2–3 EL Currypulver
ca. 1 l Gemüsebrühe
Salz
frisch gemahlener Pfeffer
30 g Mandelblättchen
200 ml süße Sahne

ZUM GARNIEREN

Currypulver

1 Kartoffeln und Sellerie schälen, Zwiebeln und Knoblauchzehen abziehen und alles klein würfeln. Zusammen in einem heißen Topf in der Butter 4–5 Minuten bei geringer Temperatur farblos anschwitzen. Das Currypulver kurz mit anschwitzen.

2 Die Gemüsebrühe angießen, mit Salz und Pfeffer würzen und etwa 20 Minuten bei geringer Temperatur köcheln lassen.

3 Die Mandeln in einer heißen Pfanne ohne Fett goldbraun rösten. Aus der Pfanne nehmen und abkühlen lassen. Die Sahne cremig schlagen.

4 Die Suppe fein pürieren, die Schlagsahne bis auf 4 EL unterrühren und abschmecken. Auf Suppenteller verteilen, mit der restlichen Sahne verzieren und die Mandeln aufstreuen. Mit Currypulver bestreut servieren.

Koch dich glücklich Was Kartoffeln zu einer Powerknolle macht? Bei geringem Kaloriengehalt und mit hochwertigem Eiweiß machen sie dich lange satt. Daneben punkten sie mit einer beträchtlichen Menge an B- und C-Vitaminen sowie 15 Mineralstoffen und Spurenelementen.

Kartoffel-Kokos-Suppe mit Zitronengras

Für 4 Personen 15 Minuten + ca. 25 Minuten Kochzeit leicht

ZUTATEN

500 g mehligkochende Kartoffeln
ca. 600 ml Gemüsebrühe
2 Stängel Zitronengras
400 ml Kokosmilch
1 EL frisch geriebener Ingwer
Salz, Zitronensaft, frisch gemahlener Pfeffer
1–2 EL Kokosflocken
200 g weißes Fischfilet (küchenfertig ohne Haut)
1 EL Erdnussöl

ZUM GARNIEREN

frisches Koriandergrün

1 Die Kartoffeln waschen, schälen, in Würfel schneiden und in der Gemüsebrühe in einem Topf aufkochen lassen. Etwa 20 Minuten bei geringer Temperatur gar kochen.

2 Das Zitronengras putzen, die Stängel mit der Rückseite eines Messers etwas platt klopfen und in der Suppe mitkochen. Wenn die Kartoffeln weich sind, das Zitronengras entfernen und die Suppe fein pürieren.

3 Die Kokosmilch dazugeben, einmal aufkochen lassen und mit Ingwer, Salz, Zitronensaft und Pfeffer abschmecken. Kokosflocken nach Geschmack dazugeben.

4 Den Fisch abbrausen, trockentupfen und in mundgerechte Stücke schneiden. Mit Salz und Pfeffer würzen. In einer beschichteten Pfanne das Erdnussöl erhitzen und die Fischstücke darin etwa 2 Minuten goldbraun braten.

5 Die Suppe in vorgewärmte Schälchen füllen, Fisch daraufsetzen und mit frischem Koriander garnieren.

Koch dich glücklich Bei uns immer noch ein Exot, in Asien ein Alltagsgewürz wie bei uns – sagen wir – Petersilie: Zitronengras. Seine ätherischen Öle sollen Magenbeschwerden lindern, antibakteriell und entzündungshemmend wirken. Und darüber hinaus sorgen sie für ein feines Aroma.

Kartoffel-Lauch-Suppe mit Speck

Für 4 Personen | 20 Minuten + ca. 30 Minuten Kochzeit | leicht

ZUTATEN

800 g mehligkochende Kartoffeln
2 Stangen Lauch
1 Knoblauchzehe
100 g Frühstücksspeck (in Scheiben)
2 EL Butter
ca. 800 ml Rinderbrühe
200 ml Sauerrahm
Salz, frisch gemahlener Pfeffer
gemahlene Kümmelsamen

ZUM GARNIEREN

frische Petersilienblätter

1 Die Kartoffeln schälen, waschen und in Würfel schneiden. Den Lauch waschen, putzen und in Ringe schneiden. Die Knoblauchzehe abziehen und fein hacken.

2 Den Speck in breite Streifen schneiden und in einem heißen Topf in der Butter goldbraun braten. Aus dem Topf nehmen und darin den Knoblauch mit dem Lauch kurz anschwitzen. Die Rinderbrühe mit dem Rahm angießen, die Kartoffeln hinzufügen, mit Salz, Pfeffer und Kümmelsamen würzen und etwa 20 Minuten bei geringer Temperatur gar köcheln lassen.

3 Etwa die Hälfte vom Gemüse als Einlage aus der Suppe nehmen und die übrige Suppe fein pürieren. Nach Bedarf noch etwas einkochen lassen oder Brühe dazugeben. Das Gemüse mit dem Speck zurück in die Suppe geben, heiß werden lassen und abschmecken.

4 Auf Schüsseln verteilen und mit der Petersilie bestreuen. Dazu nach Belieben Brot reichen.

Koch dich glücklich

Wie Lauch dich glücklich machen kann? Er ist eine sehr gute Vitamin-C-Quelle, enthält Folsäure und reichlich Ballaststoffe. Schwefelverbindungen machen ihn außerdem zu einem prima Entschlackungs- und Entgiftungsgemüse – und das alles bei nur etwa 30 Kalorien auf 100 Gramm.

vege-
tarisch

Schaumige Bärlauchsuppe

Für 4 Personen | 25 Minuten + ca. 20 Minuten Kochzeit | leicht

ZUTATEN

1 Zwiebel
200 g Knollensellerie
1 Stange Lauch (nur die hellen Teile)
3 TL Butter
500 ml Gemüsebrühe
Salz, frisch gemahlener Pfeffer
2 Handvoll frischer Bärlauch
200 ml süße Sahne
4 Scheiben Toastbrot
2 EL frisch gehackte glatte Petersilie

1 Zwiebel abziehen, Sellerie schälen und beides würfeln. Den Lauch waschen und putzen, klein schneiden und in einem Sieb gründlich waschen.

2 2 TL Butter in einem Topf erhitzen, Zwiebel, Sellerie und Lauch darin unter Rühren leicht gebräunt anschwitzen. Mit der Gemüsebrühe ablöschen, mit Salz und Pfeffer würzen. Etwa 15 Minuten bei geringer Temperatur köcheln lassen und dann im Mixer pürieren.

3 In der Zwischenzeit den Bärlauch waschen, trockenschütteln und die Hälfte davon klein schneiden. Die andere Hälfte des Bärlauchs etwa 30 Sekunden in kochendem Wasser blanchieren, dann in Eiswasser abschrecken und tropfnass im Mixer oder Blitzhacker pürieren. 100 ml Sahne in die pürierte Suppe einrühren.

4 Das Toastbrot entrinden und in Würfel schneiden. Die restliche Butter in einer Pfanne erhitzen und die Brotwürfel darin zu Croûtons rösten. Die restliche Sahne steif schlagen und die Petersilie einrühren.

5 Die Suppe wieder zum Kochen bringen, etwa 2 Minuten kochen lassen und dann das Bärlauchpüree und den geschnittenen Bärlauch einrühren. Abschmecken, in Schälchen anrichten und die Croûtons darüber verteilen. Die Petersiliensahne dazu reichen.

Koch dich glücklich Durch das Einrühren des Bärlauchpürees erst kurz vor dem Servieren bleibt die Suppe schön grün. Apropos Bärlauch: Ihn gibt es nur von März bis April. Und diese Zeit solltest du nutzen, denn Bärlauch ist eine Mineralstoffbombe für deine Gesundheit.

Tomatensuppe mit Parmesanchips

vegetarisch

Für 4 Personen · 35 Minuten + ca. 25 Minuten Kochzeit · leicht

ZUTATEN

50 g geriebener Parmesan, 1 kg Tomaten, 1 Schalotte, 1 Knoblauchzehe, 4 EL Olivenöl, ca. 600 ml Gemüsebrühe, Saft von 1 Orange, 100 g Sauerrahm, Salz, 1 Prise Zucker, 2–3 EL Zitronensaft, frisch gemahlener Pfeffer

ZUM GARNIEREN

frische Basilikumblätter

1 Den Ofen auf 180 °C Umluft vorheizen. Den Parmesan in Häufchen auf ein mit Backpapier belegtes Backblech setzen. Leicht flach drücken und im Ofen 6–8 Minuten backen und schmelzen lassen. Das Blech aus dem Ofen nehmen, das Papier vom Blech ziehen und darauf die Chips auskühlen und fest werden lassen.

2 Die Tomaten überbrühen, abschrecken, enthäuten, vierteln, entkernen und in Stücke schneiden. Die Schalotte und die Knoblauchzehe abziehen, in Würfel schneiden und zusammen in einem heißen Topf in 2 EL Olivenöl glasig anschwitzen. Die Tomaten unterheben und die Gemüsebrühe mit dem Orangensaft angießen. Aufkochen und etwa 15 Minuten bei geringer Temperatur gar köcheln lassen.

3 Anschließend die Suppe pürieren und nach Belieben durch ein Sieb streichen. Zurück im Topf, den Sauerrahm bis auf 4 TL unterrühren. Nicht mehr kochen lassen und mit Salz, Zucker, 1–2 TL Zitronensaft und Pfeffer abschmecken.

4 Die Suppe auf Schüsseln verteilen. Den restlichen Sauerrahm mit dem übrigen Zitronensaft verrühren. Das restliche Olivenöl über die Suppe träufeln und mit Parmesanchips und Basilikum garnieren. Mit Pfeffer übermahlen servieren.

Koch dich glücklich Mit viel Vitamin A, B, C und E sind Tomaten wahre Vitalstoffbomben. Ein Extraplus: Das enthaltene Lycopin bekämpft in deinem Körper die schädlichen freien Radikale. Und das Schönheitsvitamin Botin ist gut für Nägel, Haut und Haare.

Rote-Linsen-Tomaten-Suppe

vege-tarisch

Für 4 Personen | 15 Minuten + ca. 25 Minuten Kochzeit | leicht

ZUTATEN

1 Zwiebel
1 Knoblauchzehe
2 EL Sonnenblumenöl
1 TL frisch geriebener Ingwer
1 TL rote Currypaste
150 g rote Linsen
400 g stückige Tomaten (aus der Dose)
600 ml Gemüsebrühe
Salz
Zitronensaft
Cayennepfeffer

ZUM GARNIEREN

Sauerrahm
frisches Koriandergrün

1 Die Zwiebel und die Knoblauchzehe abziehen und fein würfeln. Das Öl in einem Topf erhitzen. Zwiebeln, Knoblauch und Ingwer darin 1–2 Minuten farblos anschwitzen.

2 Die Currypaste mit den Linsen kurz mit anschwitzen, dann die Tomaten und die Gemüsebrühe hinzufügen. Unter gelegentlichem Rühren etwa 15 Minuten bei geringer Temperatur gar köcheln lassen. Nach Bedarf etwas Brühe hinzufügen.

3 Mit Salz, Zitronensaft und Cayennepfeffer abschmecken und auf Schüsseln verteilen. Mit je einem Klecks Sauerrahm und etwas Koriandergrün garniert servieren.

Koch dich glücklich Linsen sind wahre Kraftpakete. Sie enthalten viel hochwertiges Eiweiß und komplexe Kohlenhydrate, machen dich gut satt und kurbeln die Verdauung an. Und: Die vielen Ballaststoffe, die in ihnen stecken, halten deinen Cholesterinspiegel auf einem gesunden Level.

Rotkohl-Kokos-Suppe mit Sesamchips

vege-tarisch

Für 4 Personen · 25 Minuten + ca. 35 Minuten Kochzeit · mittel

ZUTATEN

1 Zwiebel
1 Knoblauchzehe
2–3 cm frischer Ingwer
150 g Knollensellerie
150 g Rote Bete
400 g Rotkohl
1 rote Chilischote
Sonnenblumenöl
gemahlene Kümmelsamen
Salz, frisch gemahlener Pfeffer
2–3 EL Apfelessig
ca. 600 ml Gemüsebrühe
400 ml Kokosmilch
8 Wan-Tan-Blätter
1 Eiweiß
3–4 EL schwarze und weiße Sesamsamen

ZUM GARNIEREN

1 Handvoll frische Kräuter (Koriandergrün und Minze)
schwarze und weiße Sesamsamen

1 Zwiebel und Knoblauchzehe abziehen, Ingwer, Sellerie und Rote Bete schälen. Alles klein würfeln. Den Rotkohl waschen, putzen, harten Strunk entfernen und den Kohl in Streifen schneiden. Die Chilischote waschen, halbieren, putzen und klein schneiden.

2 Zwiebeln, Knoblauch, Ingwer, Sellerie und Chili in einem heißen Topf in 1 EL Öl farblos anschwitzen. Rote Bete und Rotkohl hinzufügen, mit Kümmelsamen, Salz und Pfeffer würzen und mit Apfelessig, Gemüsebrühe und Kokosmilch ablöschen. Aufkochen und etwa 25 Minuten bei geringer Temperatur köcheln lassen, bis das Gemüse weich gegart ist.

3 Währenddessen die Wan-Tan-Blätter ausbreiten, mit verquirltem Eiweiß bestreichen und mit dem Sesam bestreuen. Portionsweise in einen heißen Topf mit Öl (etwa 170 °C) geben und je 2–3 Minuten schwimmend goldbraun frittieren. Auf Küchenpapier abtropfen lassen und leicht mit Salz und Pfeffer würzen.

4 Die Suppe pürieren und durch ein feines Sieb passieren. Nach Bedarf noch etwas einkochen lassen oder Brühe hinzufügen und abschmecken. Die Kräuter abbrausen, trockenschütteln, abzupfen und grob schneiden.

5 Die Suppe auf Suppentassen verteilen, mit etwas Sesam bestreuen, die Kräuter daraufgeben und mit den Sesamchips servieren.

Koch dich glücklich Ganz ehrlich: Mit einer Nebenrolle als Sättigungsbeilage ist Rotkohl bei Weitem unterfordert. Er kann nämlich viel, viel mehr. Und du kannst von dem gesunden Kraut richtig profitieren! Besonders bemerkenswert ist der hohe Gehalt an sekundären Pflanzenstoffen, die als Radikalenfänger nachweislich zellschützend wirken.

Sellerie-Apfel-Suppe mit Traubenkernöl

vegetarisch

Für 4 Personen · 25 Minuten + ca. 30 Minuten Kochzeit · leicht

ZUTATEN

1 Schalotte
400 g Knollensellerie
150 g mehligkochende Kartoffeln
2 kleine rotschalige Äpfel
3 EL Butter
100 ml Apfelwein
600 ml Gemüsebrühe
200 g Sauerrahm
Salz, frisch gemahlener Pfeffer
Zitronensaft
1 Stange Staudensellerie
1 EL Puderzucker
1–2 EL Traubenkernöl

1 Die Schalotte abziehen. Sellerie, Kartoffeln und einen Apfel schälen, von dem Apfel das Kerngehäuse entfernen. Alles würfeln.

2 In einem Topf 2 EL Butter zerlassen und die Schalotte darin anschwitzen. Gemüse- und Apfelwürfel dazugeben, kurz mit anschwitzen und mit dem Wein ablöschen. Etwas reduzieren lassen, dann die Brühe und den Rahm angießen. Salzen, pfeffern und bei mittlerer Temperatur etwa 20 Minuten köcheln lassen. Die Suppe fein pürieren und mit einem Spritzer Zitronensaft abschmecken.

3 Den Staudensellerie waschen, putzen und in feine Scheiben schneiden. Den übrigen Apfel waschen, das Kerngehäuse entfernen und das Fruchtfleisch klein würfeln. Beides in der restlichen Butter in einer heißen Pfanne kurz anschwitzen, mit dem Puderzucker bestauben und karamellisieren lassen.

4 Die Suppe auf Teller verteilen, mit dem gedünsteten Apfel-Sellerie-Mix garnieren und mit ein paar Tropfen Traubenkernöl verfeinert servieren.

Koch dich glücklich Der Griff zum Traubenkernöl lohnt sich für dich nicht nur geschmacklich, denn in Sachen Vitamin E ist es dreimal besser als Olivenöl. Auch die wertvolle Linolsäure ist enthalten. Beides hält den Cholesterinspiegel in optimaler Balance. Plus: Lecithin für gute Nerven.

Rote-Bete-Suppe mit Kokos

vege-
tarisch

Für 4 Personen | 15 Minuten + ca. 35 Minuten Kochzeit | leicht

ZUTATEN

1 Zwiebel
1 Knoblauchzehe
2 cm frischer Ingwer
600 g Rote Bete
1 EL Rapsöl
1 Stängel Zitronengras
ca. 500 ml Gemüsebrühe
400 ml Kokosmilch
Salz, frisch gemahlener Pfeffer
Saft von 1 Limette
1–2 TL Agavendicksaft
gemahlener Koriander

ZUM GARNIEREN

frisches Koriandergrün

1 Zwiebel und Knoblauchzehe abziehen. Ingwer und Rote Bete schälen. Alles in Würfel schneiden und zusammen in heißem Öl kurz anschwitzen.

2 Das Zitronengras putzen, mit dem Messerrücken andrücken und dazugeben. Dann die Brühe mit 300 ml Kokosmilch angießen. Mit Salz, Pfeffer, 2 EL Limettensaft, Agavendicksaft und Koriander würzen und etwa 25 Minuten bei geringer Temperatur weich köcheln lassen.

3 Das Zitronengras aus der Suppe nehmen und die Suppe fein pürieren. Nach Belieben durch ein Sieb passieren. Die restliche Kokosmilch erwärmen und aufschäumen.

4 Die Suppe abschmecken und auf Schälchen verteilen. Mit Kokosschaum garnieren, mit Pfeffer übermahlen und mit Koriandergrün garniert servieren.

Koch dich glücklich Warum Ingwer dich gesund und glücklich macht? Die Wurzelknolle lindert durch die enthaltene Acetylsalicylsäure Schmerzen, hilft dir, Erkältungen vorzubeugen und zu behandeln, kurbelt den Stoffwechsel an und bekämpft sogar Reiseübelkeit.

Spargelsuppe mit Parmesan

vege-tarisch

Für 4 Personen | 15 Minuten + ca. 25 Minuten Kochzeit | leicht

ZUTATEN

2 Schalotten
1 Knoblauchzehe
150 g Knollensellerie
350 g grüner Spargel
2 EL Butter
500 ml Gemüsebrühe
200 ml Sauerrahm
40 g Parmesan, frisch gerieben
Salz, frisch gemahlener Pfeffer
frisch geriebene Muskatnuss

ZUM GARNIEREN

frisch gehobelte Parmesanspäne

1 Schalotten und Knoblauchzehe abziehen, den Sellerie schälen. Alles würfeln. Den grünen Spargel waschen, zwei Stangen Spargel zum Garnieren beiseitelegen und den Rest klein schneiden.

2 Die Butter in einem Topf erhitzen. Schalotten, Knoblauch, Sellerie und den klein geschnittenen Spargel darin anschwitzen. Mit der Brühe ablöschen und zum Kochen bringen. Etwa 15 Minuten kochen lassen und dann fein pürieren.

3 Während die Suppe kocht, die beiseitegelegten Spargelstangen im unteren Drittel schälen, unten etwa 2 cm kürzen und in kochendem Salzwasser etwa 5 Minuten blanchieren, in Eiswasser abschrecken, abtropfen lassen und klein schneiden.

4 Den Rahm und den Parmesan in die Suppe rühren, unter Rühren aufkochen, sodass sich der Käse auflöst. Mit Salz, Pfeffer und Muskat abschmecken. Die Suppe in vorgewärmten Schälchen anrichten, mit den Spargelstücken und Parmesanspänen garnieren.

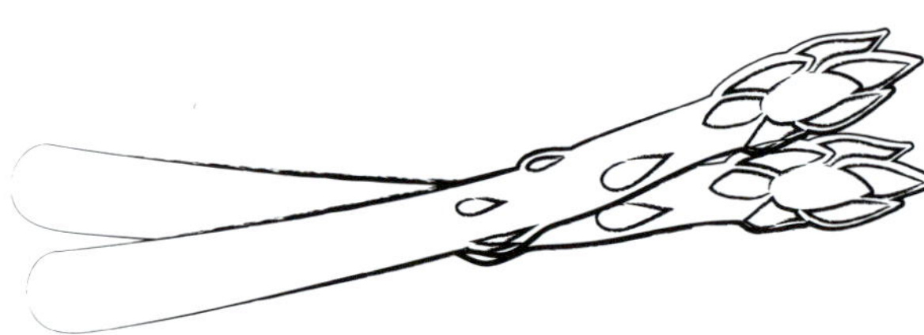

Koch dich glücklich

Spargel enthält jede Menge Ballaststoffe, die für eine ausgewogene Ernährung wichtig sind. Der außergewöhnlichste Inhaltsstoff ist die Asparaginsäure, die die Nierenfunktion anregt und dadurch entwässernd wirkt.

Asiatische Kürbissuppe mit Garnelen

Für 4 Personen   20 Minuten + ca. 30 Minuten Kochzeit   leicht

ZUTATEN

1 kleiner Hokkaidokürbis, 1 rote Chilischote
2 Knoblauchzehen, 3–4 cm frischer Ingwer
2 EL Sonnenblumenöl, 2–3 EL Currypulver
ca. 400 ml Gemüsebrühe, 400 ml Kokosmilch
Salz, 1 Prise brauner Zucker
etwas Limettensaft
frisch gemahlener Pfeffer
8 Riesengarnelen (küchenfertig)

ZUM GARNIEREN

frisches Koriandergrün

1 Den Kürbis schälen, halbieren, Kerne und Fasern entfernen und das Fruchtfleisch würfeln. Die Chilischote waschen, halbieren, putzen und klein schneiden. Knoblauch abziehen und Ingwer schälen, beides fein würfeln. Alles zusammen in 1 EL heißem Öl glasig anschwitzen. Currypulver dazugeben und kurz mit anschwitzen.

2 Die Brühe und die Kokosmilch angießen und alles etwa 20 Minuten bei geringer Temperatur gar köcheln lassen.

3 Die Suppe pürieren und durch ein feines Sieb passieren. Je nach gewünschter Konsistenz noch Brühe hinzufügen oder etwas einköcheln lassen. Mit Salz, Zucker, Limettensaft und Pfeffer abschmecken.

4 Die Garnelen abbrausen, trockentupfen und in einer heißen Pfanne im restlichen Öl etwa 2 Minuten goldbraun braten. Mit Salz und Pfeffer würzen.

5 Die Suppe kurz vor dem Servieren noch einmal aufschäumen und auf Teller verteilen. Die Garnelen daraufsetzen, mit etwas Pfeffer übermahlen und mit Koriandergrün garniert servieren.

Koch dich glücklich Kokosmilch hält dich fit, schön und gesund: Sie regt den Stoffwechsel an, schützt vor Bakterien und Pilzen, neutralisiert den Cholesterinspiegel, hilft bei Hautirritationen und liefert schnell Energie.

Kürbissuppe in ausgehöhltem Kürbis

vegetarisch

Für 4 Personen | 20 Minuten + ca. 35 Minuten Kochzeit | mittel

ZUTATEN

4 kleine Speisekürbisse (z. B. Hokkaido)
2 Karotten, 1 Zwiebel, Knoblauchzehe
2 EL Butter, ca. 800 ml Gemüsebrühe
Saft von 1 Orange, 1 EL frisch geriebener Ingwer
150 ml Sauerrahm, Salz, Zitronensaft
frisch gemahlener Pfeffer
frisch geriebene Muskatnuss

ZUM GARNIEREN

2 EL Kürbiskernöl
2 EL gehackte geröstete Kürbiskerne

1 Von den Kürbissen die Deckel abschneiden. Die Kürbisse vorsichtig aushöhlen, sodass ein etwa 1 cm dicker Rand bleibt, ohne die Schale zu beschädigen. Die Kerne und Fasern entfernen und das Kürbisfleisch in Würfel schneiden.

2 Die Karotten schälen und würfeln. Zwiebel und Knoblauchzehe abziehen, fein hacken, in heißer Butter glasig anschwitzen, dann die Kürbis- und Karottenwürfel hineingeben und kurz mit anschwitzen. Die Brühe und den Orangensaft angießen, den Ingwer mit in den Topf geben und etwa 25 Minuten bei geringer Temperatur und unter gelegentlichem Rühren köcheln lassen.

3 Die ausgehöhlten Kürbisse etwa 15 Minuten vor dem Servieren im Backofen (80 °C) warm stellen. Die Suppe fein pürieren. Den Rahm und je nach gewünschter Konsistenz noch etwas Brühe unterrühren oder ein wenig einköcheln lassen. Mit Salz, Zitronensaft, Pfeffer und Muskat abschmecken.

4 Die Suppe in die vorgewärmten Kürbisse füllen. Mit Kürbiskernöl beträufelt und mit Kürbiskernen bestreut servieren.

Koch dich glücklich Knallig-orange verlockt der Hokkaidokürbis zum Genuss. Und genau die kräftige Farbe verrät auch seine wichtigsten Nährstoffe: Betacarotin und Vitamin A. Der Farbstoff Betacarotin verleiht dir einen schönen Teint und das Vitamin A ist für die Augenfunktionen wichtig.

Süßkartoffelsuppe mit Limetten-Koriander-Gremolata

vegan

Für 4 Personen **25 Minuten + ca. 30 Minuten Kochzeit** **leicht**

ZUTATEN

500 g Süßkartoffeln
150 g Knollensellerie
1 Karotte
2–3 cm frischer Ingwer
1 Zwiebel
1 Knoblauchzehe
2 EL Sonnenblumenöl
600 ml Gemüsebrühe
400 ml Kokosmilch
Salz
Cayennepfeffer
gemahlener Koriander

FÜR DIE GREMOLATA

1 kleine Stange Lauch
2 EL Sesamsamen
1 unbehandelte Limette
1 Handvoll frisches Koriandergrün

1 Süßkartoffeln, Sellerie, Karotte und Ingwer schälen. Zwiebel und Knoblauchzehe abziehen. Alles klein würfeln und zusammen in einem heißen Topf in 1 EL Öl farblos anschwitzen.

2 Die Gemüsebrühe mit 300 ml Kokosmilch angießen, mit Salz, Cayennepfeffer und Koriander würzen und circa 20 Minuten bei geringer Temperatur gar köcheln lassen.

3 Für die Gremolata den Lauch waschen, putzen und in feine Ringe schneiden. Im restlichen Öl in einer heißen Pfanne goldbraun anschwitzen. Den Sesam dazugeben, kurz mit anschwitzen, dann von der Herdplatte nehmen.

4 Die Limette heiß waschen, trocken reiben und die Schale in feinen Zesten abziehen. Den Saft auspressen. Das Koriandergrün abbrausen, trockenschütteln und grob schneiden. Mit 1 EL Limettensaft und den Zesten zum Lauch geben.

5 Die Suppe pürieren und durch ein feines Sieb passieren. Nochmals aufkochen lassen und nach Bedarf Brühe hinzufügen oder noch etwas einkochen lassen. Mit Limettensaft, Salz, Cayennepfeffer und Koriander abschmecken. Die übrige Kokosmilch erwärmen und aufschäumen.

6 Die Suppe in Schälchen füllen, mit Kokosschaum garnieren, die Gremolata daraufsetzen und servieren.

Koch dich glücklich Süßkartoffeln schmecken tatsächlich eher süß als nach Kartoffeln, was an ihrem relativ hohen Zuckergehalt liegt. Trotzdem sind sie tolle und richtig gesunde Knollen: Sie sind kalorien- und fettarm, versorgen dich aber mit unglaublich vielen Vitaminen und Mineralstoffen.

Champignonsuppe
mit Ziegenkäse und Salbei

Für 4 Personen | 25 Minuten + ca. 20 Minuten Kochzeit | leicht

ZUTATEN

600 g Champignons
2 Schalotten
2 Knoblauchzehen
2 EL Butter
2 EL Weizenmehl
150 ml trockener Weißwein
ca. 650 ml Geflügel- oder Gemüsebrühe
Salz
10–15 Salbeiblätter
5 EL Olivenöl
50 g Walnusskerne
100 g Crème fraîche
frisch gemahlener Pfeffer
frisch geriebene Muskatnuss
125 g Ziegenfrischkäse

1 Die Champignons putzen, mit einem feuchten Küchentuch abreiben und klein schneiden. Dabei etwa eine Handvoll in dünne Scheiben schneiden und zum Garnieren beiseitelegen.

2 Schalotten und Knoblauchzehen abziehen und fein hacken. Die Butter in einem Topf erhitzen, die Schalotten mit dem Knoblauch darin anschwitzen. Die Pilze dazugeben, mit etwas Mehl bestauben, umrühren und mit dem Weißwein ablöschen. Die Brühe angießen, salzen und bei geschlossenem Deckel etwa 20 Minuten bei geringer Temperatur köcheln lassen.

3 Die Salbeiblätter in dem Olivenöl in einer kleinen Pfanne kurz ausbacken. Die Walnusskerne grob hacken und in einer Pfanne ohne Fett kurz anrösten.

4 Die Suppe pürieren, Crème fraîche unterrühren und mit Salz, Pfeffer und Muskat abschmecken. In Schälchen füllen, mit je einem Klecks Ziegenfrischkäse verfeinern und mit den Walnüssen, Pilzen und Salbei bestreuen. Dazu passt Weißbrot.

Koch dich glücklich Salbei ist ein kleines Allroundtalent und macht wirklich glücklich. Denn seine Inhaltsstoffe verbessern deine Stimmung, helfen dir, besser mit Stress umzugehen, und fördern die allgemeine Zufriedenheit.

Limetten-Erbsen-Suppe mit Minze

vege-
tarisch

Für 4 Personen 25 Minuten + ca. 6 Minuten Kochzeit leicht

ZUTATEN

4 Kaffirlimettenblätter
600 ml Gemüsebrühe
600 g Erbsen (frisch gepalt oder TK)
1 Handvoll frische Minze
200 ml Milch
150 g Mascarpone
Salz, frisch gemahlener Pfeffer
Saft und Abrieb von 1 unbehandelten Limette
100 ml süße Sahne

1 Die Limettenblätter mehrmals einschneiden und mit der Brühe in einen Topf geben. Zum Kochen bringen, die Erbsen dazugeben und etwa 6 Minuten weich kochen.

2 Die Minze abbrausen, trockenschütteln und einige Blätter zum Garnieren beiseitelegen. Die übrigen Minzblätter grob hacken und zur Suppe geben. Die Suppe fein pürieren und durch ein Sieb streichen.

3 Milch und Mascarpone unterrühren und erwärmen, aber nicht kochen lassen. Mit Salz, Pfeffer, 1–2 EL Limettensaft und ½ TL Limettenabrieb würzen.

4 Die Sahne mit einer Prise Salz steif schlagen und auf die Suppe geben. Mit Minze garnieren und mit Pfeffer übermahlen servieren.

Koch dich glücklich

Minze – ihr Geschmack gibt schon Aufschluss über eine Wirkung: Sie erfrischt deinen Atem. Darüber hinaus hat sie krampflösende Eigenschaften, ist bei Atembeschwerden empfehlenswert und wirkt bei Stress entspannend.

Grünkohl-Kokos-Suppe mit Erdnuss-Kokos-Sprinkle

vegan

Für 4 Personen | 20 Minuten + ca. 25 Minuten Kochzeit | leicht

ZUTATEN

2 rote Zwiebeln, 1 Knoblauchzehe
2–3 cm frischer Ingwer, 2 EL Erdnussöl
ca. 800 ml vegane Gemüsebrühe, 400 ml Kokosmilch
150 g rote Linsen, 50 g getrocknete Aprikosen
250 g Grünkohl, 30 g Erdnusskerne
2 EL Kokosraspel, ½ TL Koriandersamen
Zitronensaft, Salz, Cayennepfeffer

1 Zwiebeln und Knoblauchzehe abziehen, den Ingwer schälen. Ingwer und Knoblauch fein würfeln, die Zwiebeln in Streifen schneiden und alles zusammen im heißen Öl in einem Topf glasig anschwitzen. Mit der Brühe und der Kokosmilch ablöschen, die Linsen hinzufügen und aufkochen lassen.

2 Die Aprikosen fein hacken. Den Kohl waschen, putzen, die harten Stiele entfernen und die Blätter fein hacken. Mit den Aprikosen zur Suppe geben und unter gelegentlichem Rühren etwa 15 Minuten bei geringer Temperatur köcheln lassen.

3 Die Erdnüsse mit der Kokosraspel und dem Koriander in einer heißen Pfanne ohne Fett rösten. Im Blitzhacker grob zerkleinern.

4 Von der Suppe etwa zwei Schöpfkellen abnehmen, fein pürieren und zur Bindung wieder unter die übrige Suppe rühren. Nach Bedarf Brühe hinzufügen oder noch ein wenig einkochen lassen.

5 Mit Zitronensaft, Salz und Cayennepfeffer abschmecken. In Schüsseln füllen und mit Erdnuss-Kokos-Sprinkle bestreut servieren.

Koch dich glücklich Superfoods kommen immer von weither? Falsch gedacht! Der altbekannte und oft unterschätzte Grünkohl ist ein heimisches Superfood. 100 g davon reichen aus, um deinen gesamten Tagesbedarf an Vitamin C zu decken. Seine Ballaststoffe machen dich außerdem lange satt.

Kartoffel-Gemüse-Suppe mit Speckwürfeln

Für 4 Personen | 15 Minuten + ca. 20 Minuten Kochzeit | leicht

ZUTATEN

400 g vorwiegend festkochende Kartoffeln
250 g Knollensellerie
250 g Karotten
1 Stange Lauch
1 Handvoll frischer Schnittlauch
1 Handvoll frische Petersilie
1 Zwiebel
3 EL Rapsöl
80 g Speckwürfel
ca. 800 ml Hühnerbrühe
2 getrocknete Lorbeerblätter
Salz, frisch gemahlener Pfeffer

1 Kartoffeln, Sellerie und Karotten schälen und würfeln. Den Lauch putzen, in etwa 1 cm dicke Stücke schneiden und in einem Sieb gründlich waschen. Die Kräuter waschen und trockeschütteln, den Schnittlauch in Röllchen schneiden und die Petersilie hacken. Die Zwiebel abziehen und in Würfel schneiden.

2 Das Rapsöl in einem Topf erhitzen und den Speck darin auslassen. Das Gemüse und die Kartoffeln darin anbraten und mit der Brühe auffüllen. Mit den Lorbeerblättern, Salz und Pfeffer würzen und bei geringer Temperatur etwa 15 Minuten kochen.

3 Die Kräuter dazugeben, abschmecken und in Schälchen servieren.

Koch dich glücklich Lorbeer kann mehr, als Suppen und Eintöpfen ein feines Aroma geben: Mit seinem hohen Gehalt an ätherischen Ölen gilt er völlig zu Recht als verdauungsfördernd. Außerdem wirkt er beruhigend auf den Magen.

Gemüsesuppe mit Tofu

vegan

Für 4 Personen 15 Minuten + ca. 10 Minuten Kochzeit leicht

ZUTATEN

150 g Zuckerschoten
250 g grüner Spargel
4 Frühlingszwiebeln
300 g Tofu Natur
1 Handvoll frischer Kerbel
600 ml vegane Gemüsebrühe
1–2 EL Zitronensaft
Salz, frisch gemahlener Pfeffer

1 Die Zuckerschoten putzen, waschen und schräg halbieren. Den Spargel waschen, unten etwa 2 cm kürzen und im unteren Drittel schälen. Danach in 2 cm lange Stücke zerschneiden.

2 Die Frühlingszwiebeln putzen, waschen und in Röllchen schneiden. Den Tofu würfeln. Den Kerbel waschen, trockenschütteln und die Blättchen von den Stängeln zupfen.

3 Die Gemüsebrühe in einem Topf erhitzen und alle vorbereiteten Zutaten bis auf den Kerbel hinzufügen. Etwa 10 Minuten köcheln lassen, dann mit Zitronensaft, Salz und Pfeffer abschmecken. Den Kerbel dazugeben und in Schälchen anrichten.

Koch dich glücklich

Kalzium, Eisen, Magnesium, Folsäure, dazu eine Reihe von Vitaminen – Tofu enthält viele wichtige Nährstoffe, aber ist völlig frei von Cholesterin. Das hochwertige Eiweiß macht ihn noch dazu zu einer guten und wichtigen Proteinquelle bei veganer Ernährung.

Bunte Gemüsesuppe

vegan

Für 4 Personen **20 Minuten + ca. 20 Minuten Kochzeit** **leicht**

ZUTATEN

300 g Blumenkohl
4 Karotten
1 Stange Lauch
1 Zwiebel
10 g frischer Ingwer
2 EL Rapsöl
1 TL Paprika- oder Tomatenmark
150 ml trockener Weißwein
ca. 1 l vegane Gemüsebrühe
2 getrocknete Lorbeerblätter
4 Stängel frische Petersilie
Salz, frisch gemahlener Pfeffer
1 Prise Zucker
frisch geriebene Muskatnuss

1 Den Blumenkohl waschen, in Röschen teilen und die Stiele klein schneiden. Die Karotten schälen, halbieren und in dünne Scheiben schneiden. Den Lauch waschen, putzen und in Ringe schneiden.

2 Die Zwiebel abziehen und den Ingwer schälen. Beides fein hacken und im heißen Rapsöl in einem großen Topf glasig anschwitzen.

3 Paprika- oder Tomatenmark einrühren und kurz mit anschwitzen. Mit dem Wein ablöschen, die Brühe angießen, Lorbeerblätter hinzufügen und zum Kochen bringen. Blumenkohl, Karotten und Lauch dazugeben. Etwa 15 Minuten bei geringer Temperatur köcheln lassen.

4 Die Petersilie abbrausen, trockenschütteln und die Blätter von den Stielen zupfen. Die Lorbeerblätter wieder aus der Suppe entfernen und die Suppe mit Salz, Pfeffer, Zucker und Muskat abschmecken. Mit Petersilie garniert servieren.

Koch dich glücklich

Blumenkohl tut deiner Gesundheit richtig gut: Durch seinen hohen Vitamin-C-Gehalt wird dein Immunsystem gestärkt. Kalium schwemmt Wasser aus dem Körper und die Folsäure ist wichtig, um Zellen zu erneuern und aufzubauen sowie zur Bildung von Blutkörperchen.

Spaghettikürbissuppe mit Kräuternocken

vegetarisch

Für 4 Personen | 30 Minuten + ca. 45 Minuten Kochzeit | leicht

ZUTATEN

1 großer Spaghettikürbis
1 EL Olivenöl, 20 g Pinienkerne
4 Stängel frische glatte Petersilie
3 Stängel frischer Oregano
60 g weiche Butter, 1 Ei, 250 g Magerquark
4 EL Speisestärke, ½ TL Zucker
Salz, frisch gemahlener weißer Pfeffer
ca. 1 l Gemüsebrühe
2–3 EL Kürbiskernöl

1 Den Backofen auf 220 °C Ober-/Unterhitze vorheizen. Den Kürbis halbieren und die Kerne herauslösen. Den Kürbis mit dem Öl bestreichen, mit den Schnittflächen nach oben auf ein mit Backpapier ausgelegtes Backblech legen und im Ofen etwa 45 Minuten weich backen.

2 Die Pinienkerne hacken. Die Kräuter waschen, trockenschütteln und fein hacken. Die Butter in einem Topf schmelzen und etwas abkühlen lassen. Das Ei in einer Schüssel verquirlen. Butter unterrühren, Quark, Stärke, Zucker und Kräuter dazugeben und verrühren. Dann Pinienkerne einrühren und mit Salz und Pfeffer abschmecken.

3 Die Brühe aufkochen, dann die Temperatur reduzieren, sodass die Brühe nur noch siedet. Mit zwei Teelöffeln aus der Quarkmasse Nocken formen und in der heißen Brühe etwa 10 Minuten gar ziehen lassen.

4 Den Kürbis aus dem Ofen nehmen und das Fruchtfleisch mit einer Gabel aus der Schale lösen, so entstehen die „Spaghetti". Den Kürbis auf Teller verteilen, Nocken mit Brühe daraufgeben und mit Kürbiskernöl beträufelt servieren.

Koch dich glücklich Klein, aber oho: Pinienkerne enthalten Unmengen der Vitamine B1, B2 und A. Die sind nicht nur fürs Immunsystem wichtig, sondern sind auch wichtige Helferlein, um deine Haut und deine Muskeln zu stärken.

Klare Kürbissuppe

Für 4 Personen | 15 Minuten + ca. 15 Minuten Kochzeit | leicht

ZUTATEN

500 g Kürbisfruchtfleisch (z. B. Muskatkürbis)
300 g festkochende Kartoffeln
1 Handvoll frischer Schnittlauch
200 g Fleischwurst
4 EL Rapsöl
600 ml Gemüsebrühe
Salz, frisch gemahlener Pfeffer

1 Das Kürbisfruchtfleisch in Würfel schneiden. Die Kartoffeln schälen und ebenfalls in Würfel schneiden. Den Schnittlauch waschen, trockenschütteln und in Röllchen schneiden. Die Fleischwurst pellen und grob würfeln.

2 Das Rapsöl in einem Topf erhitzen und den Kürbis darin anschwitzen. Kartoffeln und Fleischwurst dazugeben, mit der Brühe auffüllen und etwa 15 Minuten bei geringer Temperatur köcheln lassen. Mit Salz und Pfeffer abschmecken und mit Schnittlauch bestreut servieren.

Koch dich glücklich Rapsöl liefert reichlich Linolsäure und Alpha-Linolsäure – das sind ungesättigte Fettsäuren, die dein Körper nicht selbst produzieren kann, die aber lebenswichtig sind. Und noch mehr Gesundes steckt in diesem Öl: Vitamin E schützt deine Zellen vor Schädigungen und wirkt positiv auf den Blutkreislauf.

Zwiebelsuppe mit Käsebaguette

Für 4 Personen   30 Minuten + ca. 35 Minuten Kochzeit   leicht

ZUTATEN

250 g Schalotten
300 g Zwiebeln
2 Knoblauchzehen
2 EL Rapsöl
1 l kräftige Fleischbrühe
2 Stängel Rosmarin
1 getrocknetes Lorbeerblatt
Salz, frisch gemahlener Pfeffer
frisch geriebene Muskatnuss
200 g Blauschimmelkäse (z. B. Roquefort)
8 Scheiben Baguette
1 Ei

ZUM GARNIEREN

frisch gehackte Petersilie

1 Schalotten, Zwiebeln und Knoblauchzehen abziehen. Zwiebeln und Schalotten in dünne Ringe schneiden. In einem Topf in heißem Öl etwa 5 Minuten glasig anschwitzen. Den Knoblauch dazupressen und mit der Brühe ablöschen.

2 Den Rosmarin abbrausen, trockentupfen und mit dem Lorbeerblatt zur Suppe geben. Mit Salz, Pfeffer und Muskat würzen. Etwa 30 Minuten bei geringer Temperatur köcheln lassen.

3 Den Backofen auf Grillfunktion vorheizen. Ein Backblech mit Backpapier belegen. Den Käse würfeln. Etwa 80 g Käse in die Suppe rühren und schmelzen lassen. Mit dem restlichen Käse die Baguettescheiben belegen und im heißen Ofen etwa 5 Minuten knusprig grillen (Achtung, sie werden schnell zu dunkel!).

4 Das Ei in einer Schale verquirlen und unter die Suppe rühren. Lorbeerblatt und Rosmarin aus der Suppe nehmen und die Suppe mit Salz, Pfeffer und Muskat abschmecken.

4 In Suppenschalen füllen und je zwei Baguettescheiben hineinlegen. Mit Petersilie bestreuen und servieren.

Koch dich glücklich Mit Rosmarin kannst du gleich doppelt genießen: das charakteristische Aroma und seine gesundheitlichen Vorteile. Das Kraut beugt Völlegefühlen vor, stärkt die Nerven, fördert die Durchblutung, schützt das Herz und bringt sogar den Kreislauf wieder auf Trab.

vege-
tarisch

Klare Tomatenbrühe mit Parmesannocken

Für 4 Personen | 35 Minuten + ca. 15 Minuten Kochzeit | leicht

ZUTATEN

4 Dosen geschälte Tomaten (à 400 ml)
70 g weiche Butter
6 Eigelb
100 g Weißbrot (ohne Rinde)
270 g Quark
40 g Parmesan, frisch gerieben
Salz, frisch gemahlener weißer Pfeffer
500 ml kräftige Gemüsebrühe

ZUM GARNIEREN

frische Basilikumblätter

1 Die geschälten Tomaten im Mixer pürieren und in einem Topf erhitzen (nicht kochen!). Durch ein mit einem Küchentuch ausgelegtes Sieb in einen sauberen Topf abtropfen lassen. Das dauert 1–2 Stunden und ergibt etwa 400 ml klare Tomatenessenz. Dabei nicht auspressen oder rühren!

2 In der Zwischenzeit Butter mit Eigelb schaumig rühren. Das Weißbrot auf der feinen Seite einer Küchenreibe zu Bröseln verarbeiten. Den Quark abtropfen lassen und mit der Buttermischung, den Bröseln und dem Parmesan vermengen. Mit Salz und weißem Pfeffer würzen, dann abgedeckt im Kühlschrank etwa 1 Stunde kalt stellen.

3 Die Tomatenessenz mit der Brühe auffüllen und mit Salz und Pfeffer abschmecken. Einen Topf mit Wasser bis kurz vor dem Siedepunkt erhitzen, mit zwei Teelöffeln aus der Quarkmasse Nocken formen und im heißen Wasser gar ziehen lassen, bis sie an der Oberfläche schwimmen.

4 Die Suppe erhitzen und in Schälchen füllen. Die abgetropften Nocken in die Suppe setzen und mit reichlich Basilikumblättern garnieren.

Koch dich glücklich Im Vergleich zu den meisten anderen Käsesorten ist in Parmesan relativ wenig Fett – sein Genuss ist also gar keine so große Sünde, wie du vielleicht denkst. Spitzenreiter seiner guten Nährstoffe ist Kalzium, das unverzichtbar und wichtig für die Knochen ist.

Erbsen-Karotten-Suppe mit Kräutern

vegan

Für 4 Personen | 15 Minuten + ca. 15 Minuten Kochzeit | leicht

ZUTATEN

400 g Erbsen, frisch gepalt
2 Schalotten
2 Karotten
200 g Knollensellerie
2 Stängel frische Minze
3 Stängel frischer Thymian
3 EL Olivenöl
ca. 800 ml vegane Gemüsebrühe
Salz, frisch gemahlener Pfeffer

1 Die Erbsen in einem Sieb waschen. Schalotten abziehen, Karotten und Sellerie schälen. Alles in feine Würfel schneiden.

2 Die Kräuter waschen und trockenschütteln. Die Minze hacken und die Thymianblättchen von den Stängeln streifen.

3 Das Olivenöl in einem Topf erhitzen. Schalotten, Karotten und Sellerie darin anschwitzen, dann mit der Brühe ablöschen. Erbsen und Thymian hinzufügen und bei geringer Temperatur etwa 10 Minuten kochen lassen.

4 Minze dazugeben und mit Salz und Pfeffer abschmecken. In Schälchen servieren.

Koch dich glücklich Rund und gesund: Erbsen punkten mit richtig viel Eiweiß und sind deshalb eine gute Proteinquelle, wenn du dich pflanzlich ernährst. Außerdem stecken in den kleinen grünen Kugeln wichtige essenzielle Aminosäuren und wertvolle Mineralstoffe wie Eisen, Zink, Kupfer und Kalzium.

Zwiebel-Lauch-Suppe mit Koriander

vege-tarisch

Für 4 Personen 25 Minuten + ca. 20 Minuten Kochzeit leicht

ZUTATEN

3 Stangen Lauch
2 Zwiebeln
1 EL Butter
ca. 800 ml Gemüsebrühe
2 getrocknete Lorbeerblätter
Salz, frisch gemahlener Pfeffer
8 Scheiben Pumpernickel-Rolle
40 g Käse, frisch gerieben
1 TL Koriandersamen

1 Den Lauch putzen, in Ringe schneiden und in einem Sieb gründlich waschen. Die Zwiebeln abziehen und in Streifen schneiden. Den Backofen auf Grillfunktion vorheizen.

2 Die Butter in einem Topf erhitzen, den Lauch und die Zwiebeln darin anschwitzen. Mit der Brühe auffüllen und die Lorbeerblätter hinzufügen. Etwa 10 Minuten kochen, dann die Lorbeerblätter entfernen und die Suppe mit Salz und Pfeffer abschmecken.

3 Die Pumpernickelscheiben mit dem Käse bestreuen und im Ofen etwa 5 Minuten überbacken. Den Koriander im Mörser grob zerstoßen.

4 Die Suppe in Schälchen anrichten, mit Koriander bestreuen und die Pumpernickel dazu reichen.

Koch dich glücklich

Ein Hoch auf den Pumpernickel! Das schwarze Brot aus Roggenschrot, vollen Roggenkörnern, Salz und Wasser – mehr Zutaten braucht es dafür nämlich nicht – ist superbekömmlich und reguliert die Verdauung. Wenn du also mal Magenbeschwerden hast: Greif zu Pumpernickel!

Fischsuppe
mit Garnelen und Safran

Für 4 Personen | 35 Minuten + ca. 20 Minuten Kochzeit | leicht

ZUTATEN

2 Fenchelknollen
2 Karotten
3 Tomaten
300 g kleine festkochende Kartoffeln
ca. 30 g frischer Ingwer
2 EL Butter
1 Döschen Safranfäden (0,1 g)
2 Prisen brauner Zucker
300 ml trockener Weißwein
200 ml Fischbrühe
200 ml Hühnerbrühe
Salz, frisch gemahlener Pfeffer
400 g weißes Fischfilet (z. B. Steinbeißer, Seelachs, Kabeljau)
12 Garnelen (roh, ohne Kopf, mit Schale)

1 Den Fenchel waschen, putzen und in Streifen schneiden. Die Karotten schälen, längs halbieren und in Scheiben schneiden. Die Tomaten waschen und hacken. Die Kartoffeln schälen und in Scheiben schneiden. Den Ingwer schälen und in dünne Scheiben schneiden.

2 Die Butter in einem Topf erhitzen. Fenchel, Ingwer und Karotten darin anschwitzen. Safran hinzufügen und kurz mit anschwitzen. Den Zucker hinzufügen und mit dem Weißwein, der Fisch- und der Hühnerbrühe ablöschen. Tomaten und Kartoffeln dazugeben, salzen, pfeffern und bei geringer Temperatur etwa 10 Minuten kochen lassen.

3 Das Fischfilet waschen, trockentupfen und in Würfel schneiden. Die Garnelen waschen. Beides in die Suppe geben und darin etwa 5 Minuten gar ziehen lassen. Abschmecken und servieren.

Koch dich glücklich Safran ist nicht nur das teuerste Gewürz der Welt, sondern macht dich richtig glücklich. Die Fäden der Pflanze haben eine antidepressive Wirkung und bescheren gute Laune. Das liegt am Safranal, das den Serotonin-Pegel erhöht.

Miesmuschelsuppe mit Röstbrot

Für 4 Personen 35 Minuten + ca. 15 Minuten Kochzeit leicht

ZUTATEN

1 ½ kg Miesmuscheln
1 kleine Fenchelknolle, 1 rote Paprikaschote
1 EL Sonnenblumenöl
200 ml trockener Weißwein
200 g Gemüsebrühe, 200 ml Fischbrühe
Salz, 2 EL Tomatenmark
200 ml süße Sahne, 4 cl Pastis
frisch gemahlener Pfeffer
4 Weißbrotscheiben, geröstet

ZUM GARNIEREN

frische gemischte Kräuter

1 Die Muscheln mit kaltem Wasser gut waschen, entbarten und abtropfen lassen. Geöffnete Muscheln wegwerfen. Den Fenchel waschen, putzen, halbieren, den Strunk herausschneiden und den Fenchel klein schneiden. Die Paprikaschote waschen, halbieren, entkernen, die Trennwände entfernen und das Fruchtfleisch klein würfeln.

2 In einem Topf das Öl erhitzen, den Fenchel mit der Paprika darin anschwitzen. Muscheln dazugeben und mit Wein, Gemüse- und Fischbrühe ablöschen. Mit Salz würzen, das Tomatenmark einrühren und etwa 6 Minuten köcheln lassen.

3 Die Muscheln mit einem Schaumlöffel herausnehmen, geschlossene Muscheln wegwerfen, die geöffneteten beiseitestellen. Die Sahne in den Sud geben, die Suppe pürieren und aufkochen lassen. Den Pastis einrühren und das Ganze mit Pfeffer abschmecken. Die Muscheln wieder in die Suppe legen und erwärmen.

4 Die Suppe in Schälchen füllen. Mit den Weißbrotscheiben sowie Kräutern garniert servieren.

Koch dich glücklich Miesmuscheln haben eigentlich einen anderen Namen verdient. Denn mit ihnen kannst du dich schön schlemmen. Dafür sorgen ihre Inhaltsstoffe Selen, Zink, Jod und jede Menge Vitamin A. Und das Gefühl, gerade am Meer zu sein, gibt's als Glücksmoment direkt dazu.

Minestrone mit Orecchiette

vege-
tarisch

Für 4 Personen | 20 Minuten + ca. 25 Minuten Kochzeit | leicht

ZUTATEN

200 g Orecchiette
Salz
400 g Blattspinat
150 g Erbsen (frisch gepalt oder TK)
1 Handvoll frische glatte Petersilie
1 Handvoll frisches Basilikum
200 g Knollensellerie
2 Frühlingszwiebeln
600 ml Gemüsebrühe
Salz, frisch gemahlener Pfeffer

1 Die Nudeln nach Packungsanleitung in reichlich kochendem Salzwasser garen. Abgießen und abtropfen lassen.

2 Den Spinat putzen und waschen. Die Erbsen in einem Sieb abspülen. Die Kräuter waschen, trockenschütteln und die Blätter in Streifen schneiden. Den Sellerie schälen und würfeln. Die Frühlingszwiebeln putzen, waschen und in Röllchen schneiden.

3 Die Brühe zum Kochen bringen, Sellerie und Frühlingszwiebeln dazugeben und etwa 10 Minuten kochen. Spinat und Erbsen hinzufügen und nochmals etwa 5 Minuten kochen lassen. Die Kräuter und die Nudeln in die Suppe geben, kurz aufkochen lassen und mit Salz und Pfeffer abschmecken.

4 In Suppentellern anrichten und servieren.

Koch dich glücklich

Dass der dem Spinat zugeschriebene extrem hohe Eisengehalt einem Kommafehler geschuldet war, weißt du ja sicher. Trotzdem vereint er bei sehr wenigen Kalorien viele gesunde Vitamine und Mineralstoffe in sich – beispielsweise Betacarotin, das gut für die Augen ist.

Minestrone
vegan

mit Kohl und weißen Bohnen

Für 4 Personen | 25 Minuten + ca. 30 Minuten Kochzeit | leicht

ZUTATEN

1 Zwiebel, 1 Knoblauchzehe
180 g Weißkohl, 1 Stange Staudensellerie
½ Stange Lauch, 1 kleine Zucchini, 1 Karotte
2 Paprikaschoten, 180 g weiße Bohnen (aus der Dose)
2 EL Olivenöl, 100 ml veganer trockener Weißwein
400 g passierte Tomaten (aus der Dose)
ca. 350 ml vegane Gemüsebrühe
1 Msp. Safranfäden, 1 TL getrockneter Majoran
1 TL getrockneter Oregano, Salz, frisch gemahlener Pfeffer, 1–2 EL frisch gehackte Petersilie

1 Zwiebel und Knoblauchzehe abziehen und fein würfeln. Den Kohl waschen, putzen und in kleine Stücke oder Streifen schneiden. Den Sellerie waschen, putzen und in dünne Scheiben schneiden. Den Lauch putzen, gründlich waschen und in Scheiben schneiden.

2 Die Zucchini waschen, putzen, halbieren und in Scheiben schneiden. Die Karotte schälen und in dünne Scheiben schneiden. Die Paprika waschen, halbieren, entkernen, die Trennwände entfernen und das Fruchtfleisch mundgerecht würfeln. Die Bohnen waschen und gut abtropfen lassen.

3 Zwiebel- und Knoblauchwürfel im heißen Öl anschwitzen. Sellerie, Lauch, Bohnen und Kohl dazugeben, dann mit Wein ablöschen. Passierte Tomaten und Brühe angießen. Aufkochen und etwa 15 Minuten bei geringer Temperatur köcheln lassen. Anschließend Karotten, Zucchini, Paprika, Safran, Majoran und Oregano zur Suppe geben, salzen, pfeffern und nochmals 5–10 Minuten bei geringer Temperatur gar köcheln lassen.

4 Zum Schluss die Petersilie darüberstreuen, abschmecken und auf Suppenteller verteilt servieren.

Koch dich glücklich Weißkohl ist eine Vitamin-C-Bombe und hilft dir besonders im Winter, dich gesund zu ernähren. Ebenfalls drin: Vitamin K, Selen, Magnesium und Kalium – Nährstoffe, die wichtig für Herz- und Knochengesundheit, die körpereigene Abwehrkraft und starke Muskeln sind.

Asiatische Nudelsuppe mit Garnelen im Glas gegart

Für 4 Personen | 20 Minuten + ca. 25 Minuten Kochzeit | leicht

ZUTATEN

2 Stängel Zitronengras
4–5 Limettenblätter
600 ml Hühnerbrühe
2 rote Chilischoten
2 Frühlingszwiebeln
150 g chinesische Eiernudeln (ohne Kochen)
2 Hähnchenbrustfilets (à ca. 140 g)
8 Garnelen (roh, ohne Kopf, mit Schale)
frisch gemahlener Pfeffer

1 Das Zitronengras waschen und klein schneiden. Die Limettenblätter waschen und zusammen mit der Hühnerbrühe aufkochen. Etwa 15 Minuten neben dem Herd ziehen lassen.

2 Die Chilischoten waschen, putzen und in feine Ringe schneiden. Wer es nicht ganz so scharf mag, entfernt die Kerne. Die Frühlingszwiebeln putzen, waschen und in feine Röllchen schneiden.

3 Den Backofen auf 160 °C Umluft vorheizen. Die Nudeln etwa 10 Minuten in heißem Wasser einweichen, bis sie flexibel geworden sind. Die Hähnchenbrustfilets waschen, trockentupfen und in Medaillons schneiden. Die Garnelen bis auf die Schwanzflossen schälen, gegebenenfalls den Darmfaden ziehen und waschen.

4 Die Hühnerbrühe durch ein Sieb filtern. Abgetropfte Nudeln, Chilis, Frühlingszwiebeln, Hähnchenfleisch und Garnelen auf Einmachgläser (etwa 300 ml) verteilen, mit der Brühe auffüllen und gut verschließen. Im Backofen etwa 25 Minuten erhitzen, bis Blasen aufsteigen.

5 Die Gläser etwas abkühlen lassen, vorsichtig öffnen und die Suppe mit Pfeffer bestreut servieren.

Koch dich glücklich Garnelen verfügen über einen überdurchschnittlich hohen Eiweißanteil und liefern deinem Köprer wichtige Baustoffe zur Regenerierung und Zellerneuerung.

Wan-Tan-Suppe mit Pak-Choi

Für 4 Personen | 20 Minuten + ca. 8 Minuten Kochzeit | leicht

ZUTATEN

4 Baby-Pak-Choi
200 g Maiskölbchen
1 rote Chilischote
2 Frühlingszwiebeln
1 l Fleischbrühe
1–2 EL Limettensaft
2–3 EL Sojasauce
2 EL Reiswein
1 EL Sesamöl
frisch gemahlener Pfeffer
200 g Garnelen (roh und geputzt)
1 TL frisch geriebener Ingwer
1 Prise Zucker
Salz
12 Wan-Tan-Blätter

1 Den Pak Choi waschen, putzen und längs vierteln. Die Maiskölbchen abbrausen, trockentupfen und schräg halbieren. Die Chilischote waschen, halbieren, entkernen und fein schneiden. Die Frühlingszwiebeln waschen, putzen und schräg in Ringe schneiden.

2 Die Brühe aufkochen und mit Limettensaft, Sojasauce, Reiswein, einigen Tropfen Sesamöl und Pfeffer würzen. Alles Gemüse in der Suppe 2–3 Minuten köcheln lassen.

3 Für die Wan Tans die Garnelen waschen, trockentupfen und fein hacken. Garnelen, Ingwer, restliches Sesamöl, Zucker und Salz gut miteinander mischen. Die Füllung jeweils auf die Mitte der Teigblätter geben. Die Ränder mit Wasser bepinseln und zu Dreiecken zusammenfalten. In die Suppe geben und darin etwa 5 Minuten gar ziehen lassen. Vor dem Servieren nochmals abschmecken.

Koch dich glücklich Pak Choi ist wie alle Kohl- und Blattgemüse sehr kalorienarm, da er überwiegend aus Wasser besteht. Die großen Pluspunkte für seinen Gesundheitswert sind sein hoher Eisen- und Vitamin-C-Gehalt.

Vietnamesische Suppe mit Roastbeef

Für 4 Personen · 15 Minuten + ca. 5 Minuten Kochzeit · leicht

ZUTATEN

1 Stängel Zitronengras (nur die weißen Teile)
1 Knoblauchzehe
2 cm frischer Ingwer
1 l Fleischbrühe
1–2 EL Chilisauce
1 Msp. 5-Gewürze-Pulver
2–3 EL Limettensaft
1 Prise brauner Zucker
3–4 EL Sojasauce
2 Baby-Pak-Choi
4 Frühlingszwiebeln
150 g Shiitake-Pilze
2 Stängel Minze
50 g geröstete Erdnusskerne
150 g Roastbeef

1 Zitronengras putzen, Knoblauch abziehen, Ingwer schälen und alles fein hacken. Mit der Brühe in einen Topf geben und aufkochen lassen. Mit Chilisauce, 5-Gewürze-Pulver, Limettensaft, Zucker und Sojasauce würzen.

2 Den Pak Choi waschen, putzen und klein schneiden. Die Frühlingszwiebeln waschen, putzen und in Ringe schneiden. Die Pilze putzen und je nach Größe ganz lassen oder in Stücke schneiden. Alles in die Suppe geben und darin 4–5 Minuten ziehen lassen.

3 Die Minze abbrausen, trockenschütteln, die Blätter abzupfen und grob hacken. Die Erdnüsse grob hacken. Das Roastbeef in dünne Scheiben schneiden und mit der Minze und den Erdnüssen auf Schälchen verteilen. Die heiße Suppe abschmecken, in die Schälchen gießen und servieren.

Koch dich glücklich Ein hoher Eiweißgehalt bei wenigen Kalorien und keinem Gramm Fett: Das zeichnet Shiitake-Pilze aus. Daneben haben sie vor allem die Vitamine A und D zu bieten, die dem Nervensystem und den Knochen guttun.

Zitronensuppe
mit Hähnchen und Reis

Für 4 Personen 20 Minuten + ca. 30 Minuten Kochzeit mittel

ZUTATEN

1 l Hühnerbrühe
150 g Langkornreis
2 Hähnchenbrustfilets (à ca. 140 g)
2 unbehandelte Zitronen
3 Eigelb
2 EL grob gehackte frische Petersilie
Salz, frisch gemahlener Pfeffer
1 Msp. gemahlener Piment

1 Die Hühnerbrühe aufkochen, den Reis hineingeben und bei geringer Temperatur etwa 25 Minuten weich kochen. Die Hähnchenbrustfilets abbrausen und trockentupfen. Nach etwa 15 Minuten in der Brühe mitgaren. Dann die Hähnchenbrüste wieder aus der Suppe nehmen und in Stücke schneiden.

2 Die Zitronen heiß waschen, trockenreiben, die Zesten abziehen und fein hacken. Die Zitronen halbieren, vier schöne Scheiben zum Garnieren abschneiden, den Rest auspressen und den Saft in einer Schüssel mit dem Eigelb verquirlen.

3 Den Topf von der Herdplatte nehmen, von der heißen Suppe etwa 200 ml in dünnem Strahl unter die Zitronen-Eigelb-Mischung rühren. Die Mischung langsam zurück zur Suppe geben, dabei gut umrühren und die Suppe nur noch heiß werden, aber nicht mehr kochen lassen, damit das Ei nicht gerinnt. Die Zesten mit dem Hähnchenfleisch und der Petersilie dazugeben und mit Salz, Pfeffer und Piment abschmecken.

4 Die Suppe in Schüsseln füllen und mit den Zitronenscheiben garniert servieren.

Koch dich glücklich

Reis – das kleine Wunderkorn. Er macht gesund, stark und schön. In ihm stecken kaum Fett, dafür komplexe Kohlenhydrate, viele Vitamine und Mineralstoffe. Beispielsweise die B-Vitamine für Haut, Nerven und Stoffwechsel und das Anti-Stress-Mineral Magnesium.

Kartoffeleintopf
mit Blumenkohl und Speck

Für 4 Personen 15 Minuten + ca. 25 Minuten Kochzeit leicht

ZUTATEN

1 Zwiebel
1 Knoblauchzehe
2 Karotten
500 g festkochende Kartoffeln
2 Stangen Staudensellerie
500 g Blumenkohl
2 EL Sonnenblumenöl
200 g magerer Räucherspeck
1 getrocknetes Lorbeerblatt
Salz, frisch gemahlener Pfeffer
½ TL getrockneter Majoran

1 Zwiebel und Knoblauchzehe abziehen und fein würfeln. Karotten und Kartoffeln schälen und in kleine Würfel schneiden. Den Sellerie waschen, putzen und in Scheiben schneiden. Den Blumenkohl abbrausen, putzen und in kleine Röschen teilen.

2 In einem heißen Topf im Öl die Zwiebeln mit dem Knoblauch glasig anschwitzen. Die Karotten mit dem Sellerie und dem Blumenkohl kurz mit anschwitzen. Mit etwa 1 l Wasser ablöschen, dann Kartoffeln, Speck und das Lorbeerblatt dazugeben, salzen, pfeffern und aufkochen lassen. Bei geringer Temperatur etwa 20 Minuten köcheln lassen. Nach Bedarf Wasser nachgießen.

3 Den Speck aus dem Topf nehmen, klein würfeln, zurück zum Eintopf geben, den Majoran hinzufügen, abschmecken und servieren.

Koch dich glücklich 800 Substanzen, die gut für deine Gesundheit sind, in nur einem Kraut: Damit wirkt Majoran entzündungshemmend, lindert Husten, verbessert die Fettverbrennung, stärkt das Immunsystem und hilft bei Hautunreinheiten.

Reiseintopf mit Kidneybohnen

vegan

Für 4 Personen | 20 Minuten + ca. 25 Minuten Kochzeit | leicht

ZUTATEN

1 Zwiebel
2 Knoblauchzehen
1–2 EL Olivenöl
100 g Langkornreis
400 g stückige Tomaten (aus der Dose)
150 ml Tomatensaft
1 TL getrockneter Oregano
1 TL getrockneter Thymian
1 TL gemahlene Kümmelsamen
½ TL gemahlener Koriander
Salz
2 Dosen Kidneybohnen (à 400 g)
4–5 Stängel Petersilie
Cayennepfeffer

1 Die Zwiebel und den Knoblauch abziehen und fein würfeln. Im heißen Öl glasig anschwitzen. Den Reis abbrausen, dazugeben und die Tomaten sowie den Tomatensaft ebenfalls hinzufügen. Dann Oregano, Thymian, Kümmelsamen, Koriander und etwas Salz dazugeben.

2 20–25 Minuten unter gelegentlichem Rühren bei geringer Temperatur köcheln lassen. Die Bohnen abgießen, abbrausen und in den letzten 5–10 Minuten hinzufügen.

3 Die Petersilie abbrausen, trockenschütteln, Blätter abzupfen und in feine Streifen schneiden. Den Eintopf mit Salz und Cayennepfeffer abschmecken und mit Petersilie bestreut servieren. Dazu zum Beispiel Tortillachips reichen.

Koch dich glücklich Wie alle Hülsenfrüchte versorgen Kidneybohnen dich mit einer Extraportion pflanzlichem Eiweiß und jeder Menge Ballaststoffe, sind dabei aber äußerst fettarm. Plus: richtig viel Magnesium für gute Nerven und starke Muskeln.

Bohneneintopf
mit Tomaten und Basilikum

vegan

Für 4 Personen · 25 Minuten + ca. 12 Stunden Einweichzeit + ca. 45 Minuten Kochzeit · leicht

ZUTATEN

200 g getrocknete weiße Bohnen
200 g getrocknete rote Bohnen
ca. 1 l vegane Gemüsebrühe
2 Karotten
2 rote Paprikaschoten
4 Tomaten
2 Frühlingszwiebeln
100 g rote Linsen
150 g grüne Sojabohnen (Edamame)
1–2 EL veganer Apfelessig
Salz, frisch gemahlener Pfeffer

ZUM GARNIEREN

frische Basilikumblätter

1 Die weißen und roten Bohnen über Nacht mit Wasser bedeckt einweichen. Am nächsten Tag abgießen und mit der Gemüsebrühe bedeckt in einem Topf aufkochen lassen. Etwa 45 Minuten bei geringer Temperatur gar köcheln lassen.

2 Die Karotten schälen und in kleine Würfel schneiden. Nach etwa 20 Minuten zu den Bohnen geben. Die Paprikaschoten waschen, halbieren, entkernen, die Trennwände entfernen und das Fruchtfleisch klein schneiden. Die Tomaten blanchieren, abschrecken, enthäuten, vierteln, entkernen und ebenfalls in Würfel schneiden. Die Frühlingszwiebeln waschen, putzen und in Ringe schneiden.

3 Alles vorbereitete Gemüse mit den roten Linsen und den Sojabohnen nach etwa 30 Minuten zum Eintopf geben und zusammen fertig garen. Nach Bedarf noch Brühe hinzufügen und ab und zu umrühren.

4 Vor dem Servieren mit Apfelessig, Salz und Pfeffer abschmecken und mit Basilikum garniert servieren.

Koch dich glücklich Grüne Sojabohnen – kennst du aus dem Sushi-Restaurant als Edamame – sind wahre Gesundheitsbomben. Sie bringen nicht nur viel Eiweiß mit, sondern auch die Vitamine B1, B2 und E, Eisen und Magnesium sowie acht essenzielle Aminosäuren, die dein Körper zum Aufbau von körpereigenem Protein benötigt.

Weißkohl-Kartoffel-Eintopf mit Petersiliencreme

vegan

Für 4 Personen | 15 Minuten + ca. 25 Minuten Kochzeit | leicht

ZUTATEN

500 g Weißkohl
500 g festkochende Kartoffeln
250 g Petersilienwurzeln
Salz, frisch gemahlener Pfeffer
1 EL Kümmel
2–3 Stängel Petersilie
150 g Sojaquark
1 TL Meerrettich (aus dem Glas)

1 Den Kohl waschen, putzen und in kleine Stücke schneiden. Die Kartoffeln und die Petersilienwurzeln schälen, waschen und in Würfel schneiden. Das Gemüse in einen Topf geben, mit Salz, Pfeffer und Kümmel vermengen und mit Wasser bedecken. Abgedeckt aufkochen und etwa 25 Minuten bei geringer Temperatur gar köcheln lassen. Nach Bedarf Wasser hinzufügen.

2 Die Petersilie abbrausen, trockenschütteln, die Blätter abzupfen und fein hacken. Mit Sojaquark und Meerrettich verrühren und mit Salz und Pfeffer abschmecken.

3 Den Eintopf abschmecken und mit der Petersiliencreme servieren.

Koch dich glücklich

Petersilienwurzeln erleben gerade ein Comeback auf dem Teller – und sind nicht länger nur Bestandteil von Suppengrün. Das liegt sicher nicht nur an ihrem milden und doch intensiv-würzigen Geschmack. Denn neben den B-Vitaminen, Eiweiß, Kalzium und Eisen weisen sie einen hohen Gehalt an Folsäure und Vitamin E auf.

Linseneintopf
mit Kürbis und Hähnchen

Für 4 Personen | 10 Minuten + ca. 20 Minuten Kochzeit | leicht

ZUTATEN

½ Hokkaidokürbis
1 kleine Zwiebel
2 cm frischer Ingwer
2 EL Sonnenblumenöl
ca. 800 ml Gemüsebrühe
200 g rote Linsen
200 g Hähnchenbrustfilet
Salz, frisch gemahlener Pfeffer
Currypulver
4 EL Crème fraîche

ZUM GARNIEREN

frisches Koriandergrün

1 Den Kürbis waschen, Kerne und Fasern entfernen, nach Belieben schälen und klein würfeln. Die Zwiebel abziehen und fein hacken. Den Ingwer schälen und fein reiben. Alles zusammen in einem heißen Topf in 1 EL Öl farblos anschwitzen. Die Brühe angießen und aufkochen lassen. Die Linsen in einem Sieb abbrausen, zum Eintopf geben und abgedeckt etwa 10 Minuten bei geringer Temperatur gar köcheln lassen.

2 Das Hähnchenbrustfilet abbrausen, trockentupfen und in kleine Würfel schneiden. In einer heißen Pfanne im restlichen Öl etwa 2 Minuten leicht goldbraun braten. Mit Salz und Pfeffer würzen, zur Suppe geben und gar ziehen, aber nicht mehr kochen lassen. Mit Currypulver, Salz und Pfeffer abschmecken und auf Teller verteilen.

3 Jeweils einen Klecks Crème fraîche auf den Eintopf setzen, mit Currypulver bestreuen und mit Koriandergrün garniert servieren.

Koch dich glücklich Die Zwiebel ist das Multitalent in der Küche und gibt vielen Gerichten Geschmack. Aber natürlich hat sie auch viele gesundheitsfördernde Eigenschaften. So schützen beispielsweise die in ihr enthaltenen ätherischen Öle vor Herz-Kreislauf-Erkrankungen.

Linsen-Oliven-Eintopf mit Feta

vege-tarisch

Für 4 Personen | 15 Minuten + ca. 20 Minuten Kochzeit | leicht

ZUTATEN

500 g mehligkochende Kartoffeln, 1 Zwiebel
2 Knoblauchzehen, 2 cm frischer Ingwer
2 EL Olivenöl, ca. 600 ml Gemüsebrühe
150 g rote Linsen, 4 Tomaten
1 rote Paprikaschote, 1 grüne Paprikaschote
2 Handvoll frischer Spinat
60 g schwarze entsteinte Oliven, 100 g Feta
Zitronensaft
Salz
1–2 TL edelsüßes Paprikapulver
frisch gemahlener Pfeffer

1 Die Kartoffeln schälen und in kleine Würfel schneiden. Zwiebel und Knoblauchzehen abziehen und sehr fein hacken. Ingwer schälen und ebenfalls sehr fein hacken. Zwiebeln, Knoblauch und Ingwer in einem heißen Topf im Öl glasig anschwitzen. Die Brühe angießen und aufkochen lassen. Die Kartoffeln dazugeben und abgedeckt etwa 5 Minuten bei geringer Temperatur köcheln lassen.

2 Die Linsen in einem Sieb abbrausen und abtropfen lassen. Die Tomaten waschen, den Stielansatz herausschneiden und das Fruchtfleisch würfeln. Die Paprikaschoten waschen, halbieren, entkernen, die Trennwände entfernen und das Fruchtfleisch würfeln. Mit Linsen und Tomaten zum Eintopf geben und etwa 10 Minuten weiterkochen. Nach Bedarf Brühe nachgießen.

3 Den Spinat waschen, putzen und grob hacken. Die Oliven abtropfen lassen und in Streifen schneiden. Zum Schluss mit dem Spinat unter den Eintopf heben, alles zusammen gar ziehen lassen, den Käse dazubröckeln, von der Herdplatte nehmen und mit Zitronensaft, Salz, Paprikapulver und Pfeffer abgeschmeckt servieren.

Koch dich glücklich

Tipp: Vor allem der hohe Gehalt an Vitamin E macht Oliven zu Power-Früchten für deine Gesundheit: Zusammen mit Vitamin C und Selen schützt Vitamin E vor Angriffen freier Radikale. Und: Die Olivenphenole wirken sich positiv auf das Herz-Kreislauf-System aus und verlängern die Lebensdauer der Zellen.

Lammeintopf
mit Quitten und Couscous

Für 4 Personen | **40 Minuten + ca. 35 Minuten Kochzeit** | **mittel**

ZUTATEN

600 g Lammfleisch (aus der Schulter)
4 Stangen Staudensellerie
3 reife Quitten
1 Schalotte
1 Knoblauchzehe
2 EL Sonnenblumenöl
150 ml trockener Rotwein
350 ml Lammbrühe
Salz, frisch gemahlener Pfeffer
½ TL edelsüßes Paprikapulver
250 ml Gemüsebrühe
200 g Instant-Couscous
3 EL Kapern

1 Das Lammfleisch waschen, trockentupfen und in mundgerechte Würfel schneiden. Den Staudensellerie waschen, putzen und in 1–2 cm dicke Scheiben schneiden. Die Quitten ebenfalls waschen, vierteln, entkernen und in Würfel schneiden. Die Schalotte und die Knoblauchzehe abziehen und fein würfeln.

2 In einem Topf das Öl erhitzen und das Lammfleisch darin rundherum scharf anbraten. Zwiebel- und Knoblauchwürfel kurz mit anschwitzen. Die restlichen Obst- und Gemüsestücke dazugeben, kurz mitbraten und mit dem Rotwein und der Lammbrühe auffüllen. Mit Salz, Pfeffer und Paprikapulver würzen und mit geschlossenem Deckel 30–35 Minuten bei mittlerer Temperatur schmoren lassen.

3 Inzwischen die Gemüsebrühe erhitzen, den Couscous einrieseln lassen, von der Herdplatte nehmen und etwa 10 Minuten ausquellen lassen. 1 EL von den Kapern hacken und unter den Couscous heben. Die restlichen Kapern unter den Lammeintopf mischen, mit dem Couscous auf vorgewärmten Tellern anrichten und servieren.

Koch dich glücklich Lammfleisch liefert dir hochwertiges Eiweiß und ist eine exzellente Quelle für alle B-Vitamine, vor allem Vitamin B12, das bei verschiedenen Stoffwechselprozessen eine große Rolle spielt. Auch Eisen – wichtig für Sauerstofftransport und -speicherung – ist in Lammfleisch reichlich enthalten.

Rindfleischeintopf mit Korianderserün

Für 4 Personen · 25 Minuten + ca. 40 Minuten Kochzeit · leicht

ZUTATEN

1 Zwiebel, 2 Knoblauchzehen, 4 cm frischer Ingwer, 3 Stängel Zitronengras (nur die weißen Teile), 1–2 getrocknete Chilischoten, 1–2 TL Sonnenblumenöl, 400 g festkochende Kartoffeln, 50 g Sojasprossen, 1 Zimtstange, 3 Gewürznelken, 3 Sternanis, 500 g Rinderhüfte, 400 ml Kokosmilch, 4 Stängel Koriandergrün, 1–2 Frühlingszwiebeln (nur die grünen Teile), 1–2 EL Zitronensaft, Salz, 1 TL brauner Zucker, frisch gemahlener Pfeffer

1 Zwiebel und Knoblauchzehe abziehen, Ingwer schälen und alles klein schneiden. Das Zitronengras waschen, putzen und klein schneiden. Zusammen mit Zwiebeln, Ingwer, Knoblauch, Chili und Öl mit dem Pürierstabs zu einer feinen Paste zerkleinern. Die Kartoffeln schälen, waschen und in mundgerechte Stücke schneiden. Die Sprossen abbrausen und abtropfen lassen.

3 Zimtstange, Nelken und Sternanis in einer Pfanne bei mittlerer Temperatur etwa 2 Minuten duftend rösten. Die Würzpaste kurz mitbraten. Das Fleisch abbrausen, trockentupfen und würfeln. In der Pfanne etwa 5 Minuten unter Wenden anbraten. Die Kartoffeln kurz mitbraten, Kokosmilch und 200 ml Wasser angießen und 30 Minuten bei geringer Temperatur kochen, dabei ab und zu umrühren.

4 Inzwischen den Koriander waschen, trockenschütteln und grob hacken. Die Frühlingszwiebeln waschen, trockentupfen und in grobe Röllchen schneiden. Den Eintopf mit Zitronensaft, Salz, Zucker und Pfeffer abschmecken. Die Sprossen untermischen.

5 Den Eintopf auf Teller verteilen, mit Koriandergrün und Frühlingszwiebeln bestreut servieren.

Koch dich glücklich Die Schärfe der Chili ist nicht nur für den Geschmack gut, sondern zündet auch beim Stoffwechsel den Turbo. Und: Chilis sollen eine aphrodisierende Wirkung haben, was aber ganz profan daran liegt, dass sie den Kreislauf in Schwung bringen und die Durchblutung anregen.

Putenfleischragout
mit Gemüse

Für 4 Personen | 20 Minuten + ca. 45 Minuten Kochzeit | leicht

ZUTATEN

500 g Putenbrust
1–2 Fenchelknollen
1 Stange Staudensellerie
1 Zwiebel
250 g Karotten
4 EL Rapsöl
1 EL Currypulver
Salz, frisch gemahlener Pfeffer
ca. 500 ml Hühnerbrühe
400 g vorwiegend festkochende Kartoffeln

ZUM GARNIEREN

frische Basilikumblättchen

1 Die Putenbrust waschen, trockentupfen und in Würfel schneiden. Fenchel und Staudensellerie putzen, klein schneiden, waschen und abtropfen lassen. Die Zwiebel abziehen und fein hacken. Die Karotten schälen und in Würfel schneiden.

2 Das Rapsöl in einem Topf erhitzen und das Putenfleisch darin von allen Seiten leicht gebräunt anbraten. Das vorbereitete Gemüse hinzufügen, mit Currypulver würzen und ebenfalls anbraten. Mit Salz und Pfeffer würzen, mit der Hühnerbrühe ablöschen und zum Kochen bringen.

3 Die Kartoffeln schälen, waschen, in grobe Würfel schneiden und dazugeben. Bei niedriger Temperatur abgedeckt etwa 30 Minuten köcheln lassen.

4 In der Zwischenzeit das Basilikum waschen, trockentupfen und in feine Streifen schneiden. Den Eintopf mit Salz und Pfeffer abschmecken und mit Basilikum bestreut servieren.

Koch dich glücklich Putenbrust enthält hochwertiges Eiweiß, wichtige Vitamine und Mineralstoffe und ist dabei fett- und kalorienarm – eignet sich also gut für eine figurbewusste Ernährung.

Wirsingeintopf mit Wurst

Für 4 Personen · 15 Minuten + ca. 25 Minuten Kochzeit · leicht

ZUTATEN

1 Zwiebel
1 Knoblauchzehe
1 EL Sonnenblumenöl
ca. 500 ml Fleischbrühe
500 g festkochende Kartoffeln
500 g Wirsing
Salz, frisch gemahlener Pfeffer
gemahlene Kümmelsamen
200 g Kassler
200 g Wurst (z. B. Cabanossi)
1 Handvoll frische Petersilie
200 g Sauerrahm

1 Zwiebel und Knoblauchzehe abziehen, beides fein würfeln. Zusammen in einem heißen Topf im Öl glasig anschwitzen. Mit der Brühe ablöschen und aufkochen lassen.

2 Die Kartoffeln schälen, waschen und würfeln. Den Wirsing waschen, putzen und in Streifen schneiden. Zusammen mit den Kartoffeln in den Topf geben, mit Salz, Pfeffer und Kümmelsamen würzen und etwa 15 Minuten bei geringer Temperatur gar köcheln lassen. Nach Bedarf Brühe nachgießen.

3 Währenddessen das Kassler würfeln und die Wurst in Scheiben schneiden. Die Petersilie abbrausen, trockenschütteln, die Blätter abzupfen und hacken. Zusammen mit Wurst und Kassler zum Eintopf geben und einige Minuten heiß werden lassen. Von der Herdplatte nehmen, den Rahm unterrühren und abschmecken.

4 Den Eintopf auf tiefe Teller verteilen und servieren.

Koch dich glücklich Wirsing liegt wie Grünkohl im Trend der Zeit. Und das ist gut so. Denn mit Eisen, Phosphor, Mangan, Folsäure, Vitamin C und den B-Vitaminen ist er ein echtes Powerfood.

Sauerkrauteintopf mit Würstchen

Für 4 Personen | 30 Minuten + 40 Minuten Kochzeit | leicht

ZUTATEN

250 g vorwiegend festkochende Kartoffeln
1 kleine Zwiebel, 1–2 Knoblauchzehen
50 g geräucherter Speck, gewürfelt
1 EL Butterschmalz
400 g Sauerkraut, abgetropft
100 ml Apfelwein, 100 ml Apfelsaft
ca. 600 ml Fleischbrühe
1 TL Kümmel, 1–2 getrocknete Lorbeerblätter
50 ml Sauerrahm, Salz, frisch gemahlener Pfeffer
4 dicke Bratwürste (nach Belieben)
1–2 EL Rapsöl

ZUM GARNIEREN

1 EL frische, grob gehackte Petersilie

1 Die Kartoffeln schälen, waschen und in kleine Würfel schneiden. Zwiebel und Knoblauchzehen abziehen und fein hacken. Den Speck in heißem Butterschmalz anbraten, Zwiebeln und Knoblauch dazugeben und glasig anschwitzen. Dann Kartoffeln und das Kraut dazugeben und mitdünsten.

2 Den Apfelwein angießen und etwas einköcheln lassen. Apfelsaft und Brühe sowie die Gewürze hinzufügen. Alles abgedeckt bei geringer Temperatur etwa 30 Minuten köcheln lassen. Nach Bedarf noch etwas Brühe angießen.

3 Etwa ein Drittel des Eintopfs abnehmen und fein pürieren, dann mit dem Rahm unter die restliche Suppe mischen, mit Salz und Pfeffer abschmecken und warm halten. Die Würste in grobe Stücke schneiden und in einer Pfanne in heißem Öl rundherum anbraten.

4 Den Eintopf auf Suppenteller verteilen, mit den Würsten belegen, mit Petersilie bestreuen und servieren.

Koch dich glücklich Sauerkraut ist nicht nur lecker, sondern auch eine besondere Naturmedizin – dank seiner gesundheitsfördernden Bakterien, die den Darm in Schwung halten. Außerdem versorgt er deinen Körper mit vielen Vitaminen und Spurenelementen, schützt das Herz und hilft beim Abnehmen.

Gazpacho mit Croûtons

vegan

Für 4 Personen | 40 Minuten + mind. 2 Stunden Kühlzeit | leicht

ZUTATEN

4 rote Spitzpaprika
1 Fenchel
1–2 Stangen Staudensellerie
1 Gurke
1 Zwiebel
1 Knoblauchzehe
8 Tomaten
1 Handvoll frisches Basilikum
1–2 TL Salz
2 Scheiben Toastbrot
150 ml Tomatensaft
2–3 EL veganer Sherryessig
6 EL Olivenöl
frisch gemahlener Pfeffer
1 Prise Chilipulver

FÜR DIE CROÛTONS

4 dünne Scheiben Weißbrot
2 EL Olivenöl
½ Schalotte
2 TL Kapern
8 schwarze entsteinte Oliven
2 EL frisch gehackte Petersilie

1 Spitzpaprika, Fenchel und Sellerie waschen, putzen und grob würfeln. Gurke schälen, Zwiebel und Knoblauchzehe abziehen und ebenfalls würfeln. Die Tomaten waschen, den Stielansatz entfernen und das Fruchtfleisch grob hacken. Basilikum abbrausen, trockenschütteln, einige Blätter zum Garnieren zur Seite legen. Das übrige Basilikum mit dem kompletten Gemüse in eine Schüssel geben, das Salz untermischen und das Ganze etwa 15 Minuten ziehen lassen.

2 Die Toastbrotscheiben im Tomatensaft einweichen. Das eingeweichte Brot mit Tomatensaft, Essig und 2 EL Olivenöl mit dem Gemüse in einen Mixer geben und fein pürieren. Anschließend durch ein Sieb passieren, dabei das Gemüsepüree möglichst gut ausdrücken. Mit Pfeffer, Chilipulver und Salz abschmecken und abgedeckt mindestens 2 Stunden, besser über Nacht, in den Kühlschrank stellen.

3 Vor dem Servieren die Weißbrotscheiben in längliche Brotsticks schneiden und im heißen Olivenöl in einer Pfanne kross und hellbraun braten. Die Schalotte abziehen. Schalotte, Kapern und Oliven klein hacken und die Petersilie untermischen. Auf den Brotscheiben verteilen.

4 Das Gazpacho gut durchrühren, nochmals abschmecken und in Schalen füllen. Mit dem restlichen Öl beträufeln und mit den beiseitegelegten Basilikumblättern garnieren. Dazu die Croûtons reichen.

Koch dich glücklich Basilikum hat nicht nur ein intensives Aroma, sondern ist auch ein wahrer Alleskönner für die Gesundheit. Seine ätherischen Öle stärken dein Immunsystem, helfen deinem Körper bei Infektionen und mindern sogar Kopfschmerzen und Migräne.

Gazpacho im Glas

vegan

Für 4 Personen · 25 Minuten + ca. 1 Stunde Kühlzeit · leicht

ZUTATEN

2 Scheiben Toastbrot, 1 Salatgurke
1 orange Paprikaschote, 1 rote Paprikaschote
1 grüne Paprikaschote, 5 Tomaten
1 rote Chilischote, 1 kleine weiße Zwiebel
2 Knoblauchzehen, 2 EL Olivenöl
1–2 TL veganer Sherryessig
1 Prise Zucker, Zitronensaft, Tabasco
Salz, frisch gemahlener Pfeffer

1 Das Toastbrot entrinden und in etwas kaltem Wasser einweichen. Die Gurke waschen, putzen, einige Stifte zum Garnieren schneiden, etwa ein Drittel fein würfeln, den Rest in Stücke schneiden.

2 Die Paprikaschoten waschen, halbieren, entkernen, die Trennwände entfernen, enthäuten, einige Stifte der grünen und orangefarbenen Paprika zum Garnieren abschneiden, dann wieder etwa ein Drittel von allen sehr fein, den Rest grob würfeln.

3 Die Tomaten blanchieren, abschrecken, häuten und vierteln. Vier Viertel beiseitelegen, den Rest entkernen und würfeln. Die Kerne durch ein feines Sieb streichen und dabei den Saft auffangen.

4 Die Chilischote waschen, putzen und in Ringe schneiden. Zwiebel und Knoblauchzehen abziehen, den Knoblauch grob hacken und ein Viertel der Zwiebel fein würfeln, den Rest in Stücke schneiden.

5 Das grob zerkleinerte Gemüse mit ausgedrücktem Toastbrot, Tomatensaft und Öl pürieren. Bis zur gewünschten Konsistenz kaltes Wasser (ca. 250 ml) dazugeben. Mit Sherryessig, Zucker, Zitronensaft, Tabasco, Salz und Pfeffer würzen, kleine Gemüsewürfel untermischen und mit dem restlichen Gemüse 1 Stunde kalt stellen.

6 Die Suppe abschmecken, in Gläser füllen und mit Gemüsestiften und Tomaten garnieren.

Koch dich glücklich Gurken sind langweilig? Keineswegs! Sie liefern dir die meisten der Vitamine, die dein Körper am Tag braucht. Vitamin B gehört ebenso dazu wie Vitamin C. Und wenn du dazu neigst, zu wenig zu trinken, iss am besten ab und zu ein Stück Gurke – das Gemüse ist ein hervorragender Wasserlieferant.

Gurkenkaltschale mit Dill

Für 4 Personen   25 Minuten + mind. 1 Stunde Kühlzeit + ca. 8 Minuten Kochzeit   leicht

ZUTATEN

1–2 Salatgurken
1 Knoblauchzehe
1 Handvoll frisches Basilikum
5–6 Stängel frischer Dill
300 g Joghurt (3,5 % Fett)
Salz, frisch gemahlener Pfeffer
1 Prise Zucker
Saft von ½ Zitrone
250 g Lachsfilet (ohne Haut)
2–3 EL Sonnenblumenöl
4 EL Crème fraîche

ZUM GARNIEREN

frische Dillspitzen

1 Die Gurken schälen, die Enden abschneiden und die Gurken längs halbieren. Die Kerne herausschaben und das Fruchtfleisch in grobe Stücke schneiden. Mit der abgezogenen Knoblauchzehe in einen Mixer geben.

2 Die Kräuter abbrausen, trockenschütteln, abzupfen, einige Basilikumblätter zum Garnieren beiseitelegen und etwa die Hälfte vom Dill zum Garnieren fein hacken. Die übrigen Kräuter mit dem Joghurt zu den Gurken geben. Mit Salz, Pfeffer, Zucker und Zitronensaft würzen. Fein pürieren und dabei so viel kaltes Wasser (etwa 100 ml) angießen, bis die gewünschte cremige Konsistenz erreicht ist. Mindestens 1 Stunde im Kühlschrank kalt stellen.

3 Den Lachs abbrausen, trockentupfen und in grobe Würfel schneiden. Mit Pfeffer würzen, in heißem Öl rundherum anbraten, sodass er knapp durch ist. Den Lachs leicht salzen.

4 Die Suppe in Gläser füllen, jeweils einen Löffel Crème fraîche und einige Lachsstücke daraufsetzen, mit Basilikumblättern und Dill garnieren und servieren.

Koch dich glücklich Lachs kennst du sicher als Lieferant der mehrfach ungesättigten Omega-3-Fettsäuren, die sich positiv auf deine Herzgesundheit auswirken. Dass in ihm auch Vitamin B6 und B12, Niacin und Pantothensäure enthalten sind, macht ihn für gesunden Genuss umso wertvoller.

Kalte Erbsen-Joghurt-Suppe mit Krebsfleisch

Für 4 Personen | 5 Minuten | leicht

ZUTATEN

5–6 Basilikumblätter
300 g frische Erbsen, frisch gepalt
300 g Naturjoghurt
200 g Schmand
3 EL Zitronensaft
1–2 TL Zucker
Salz, frisch gemahlener Pfeffer
120 g Flusskrebsschwänze

ZUM GARNIEREN

frische Basilikumblätter

1 Basilikum und Erbsen waschen. Zusammen mit Joghurt und Schmand im Standmixer fein pürieren.

2 Mit Zitronensaft, Zucker, Salz und Pfeffer abschmecken.

3 Die Krebsschwänze in Schälchen anrichten, die Suppe darüber verteilen und mit Basilikumblättern garnieren.

Koch dich glücklich Flusskrebse gehören zu den absoluten Stars unter den Eiweißlieferanten und sind gleichzeitig ein besonders fettarmer Genuss. Außerdem versorgen sie dich mit diversen B-Vitaminen, den Spurenelementen Fluor und Kupfer sowie Vitamin E.

Kalte Mandel-Knoblauch-Suppe mit Safran

vegan

Für 4 Personen | 10 Minuten | leicht

ZUTATEN

20 g gehobelte Mandeln
3 Knoblauchzehen
200 g geschälte Mandeln
150 ml mildes Olivenöl
2 TL weißer Balsamicoessig
2 TL Sherry (medium dry)
1 TL Salz, frisch gemahlener Pfeffer

ZUM GARNIEREN

einige Safranfäden
frische glatte Petersilie

1 Die gehobelten Mandeln in einer trockenen Pfanne rösten. Den Knoblauch schälen und klein schneiden. Zusammen mit den geschälten Mandeln, Olivenöl, Essig, Sherry, Salz und Pfeffer im Mixer fein pürieren.

2 Während des Pürierens 400 ml kaltes Wasser in einem dünnen Strahl einlaufen lassen. Bis zum Servieren kalt stellen. In Tassen umfüllen und mit Safranfäden sowie glatter Petersilie garnieren.

Koch dich glücklich Süße Mandeln geben nicht nur dieser Suppe den besonderen Kick, sondern sind auch so ein gesunder Snack mit Eiweiß, Ballast- und Mineralstoffen sowie Vitaminen. Bist du figurbewusst? Dann sind Mandeln ideal für dich, denn sie stillen das Hungergefühl und machen lange satt. Dadurch isst du automatisch weniger.

Kalte Rote-Bete-Suppe mit Kirschen

vege-
tarisch

Für 4 Personen 25 Minuten + ca. 15 Minuten Kochzeit leicht

ZUTATEN

500 g Rote Bete
3 EL Olivenöl
200 ml Apfelsaft
350 g schwarze Süßkirschen
2 Stängel frischer Dill
100 ml roter Portwein (alternativ Kirschsaft)
50 ml süße Sahne
2–3 EL Schmand
Salz, frisch gemahlener Pfeffer
40 g Walnusskerne

1 Die Rote Bete (am besten mit Einweghandschuhen) schälen und in kleine Würfel schneiden. 2 EL Olivenöl in einer Pfanne erhitzen und die Gemüsewürfel darin anschwitzen. Mit dem Apfelsaft ablöschen und bei geringer Temperatur etwa 10 Minuten köcheln und danach abkühlen lassen.

2 In der Zwischenzeit die Kirschen waschen, halbieren und entsteinen. Den Dill waschen, trockenschütteln, die Blätter von einem Stängel abzupfen und zum Garnieren beiseitelegen. Den restlichen Dill mit der Roten Bete, der Hälfte der Kirschen, dem Portwein, der Sahne und dem Schmand im Mixer pürieren. Mit wenig Salz und Pfeffer abschmecken. Bis zum Servieren kalt stellen.

3 Zum Servieren in Gläser füllen, die restlichen Kirschen darauf verteilen. Die Walnüsse hacken und darüberstreuen, mit dem restlichen Olivenöl beträufeln und mit dem übrigen Dill garnieren.

Koch dich glücklich Rote Bete zählt zu den gesündesten Gemüsesorten überhaupt. Sie ist gut fürs Immunsystem, kurbelt die Blutbildung an und beeinflusst Herz und Ausdauer bei Sportlern positiv. Noch mehr Gründe brauchst du bestimmt nicht, um öfter zu dieser Wunderknolle zu greifen, oder?

Erdbeersüppchen mit Basilikummousse

Für 4 Personen | 20 Minuten + ca. 4 Stunden Kühlzeit | leicht

ZUTATEN FÜR DIE MOUSSE

3 ½ Blatt Gelatine
6–8 Basilikumblätter
350 ml kalte süße Sahne, 2 Eier, 1 Eigelb
50 g Zucker, 80 g gesüßte Pistaziencreme

ZUTATEN FÜR DAS ERDBEERSÜPPCHEN

500 g Erdbeeren, 60 g Puderzucker
Saft von 1 Orange

ZUM GARNIEREN

frische Minzblätter
Puderzucker zum Bestauben

1 Für die Mousse die Gelatine in kaltem Wasser einweichen. Das Basilikum waschen und mit 3–4 EL Sahne im Mixer oder Blitzhacker fein pürieren. Die Eier und das Eigelb mit dem Zucker etwa 5 Minuten hellschaumig aufschlagen. Die Pistaziencreme und das Basilikumpüree einrühren.

2 2–3 EL Sahne in einem kleinen Topf erwärmen und die ausgedrückte Gelatine darin auflösen. Die restliche Sahne steif schlagen. Die Gelatine in die Eiermasse rühren und dann die Sahne vorsichtig unterheben. In einer Schüssel abgedeckt im Kühlschrank mindestens 4 Stunden kalt stellen.

3 Für das Erdbeersüppchen die Früchte waschen, putzen und klein schneiden. 400 g Erdbeeren mit dem Puderzucker und dem Orangensaft pürieren. Das Erdbeerpüree in tiefen Tellern anrichten und die restlichen Erdbeeren darauf verteilen.

4 Aus der Mousse mit einem in heißes Wasser getauchten Esslöffel Nocken abstechen und in die Suppe setzen. Mit Minzstreifen garnieren und mit Puderzucker bestauben.

Koch dich glücklich Erdbeeren sind süße Vitaminbomben, denn in ihnen steckt mehr Vitamin C als in Zitronen. Ihr hoher Eisengehalt stärkt zudem deine Abwehrkräfte und die winzigen Kerne enthalten viel Zink, das unter anderem aphrodisierend wirkt

Zutatenregister

L

M

N

O

P

Q

R

Rezeptregister

Produktmanagement: Anna Geistbeck
Textredaktion: Doreen Köstler
Korrektur: Gertraud Müller
Layout + Satz: Martin Feuerstein, Wigel
Umschlaggestaltung: Helene Avtuschko
Repro: Repro Ludwig, Zell am See
Herstellung: Barbara Uhlig

Printed in Slovenia by Florjancic Tisk d.o.o.

★★★★★

Sind Sie mit diesem Titel zufrieden?
Dann würden wir uns über Ihre Weiterempfehlung freuen. Erzählen Sie es im Freundeskreis, berichten Sie Ihrem Buchhändler, oder bewerten Sie bei Onlinekauf. Und wenn Sie Kritik, Korrekturen, Aktualisierungen haben, freuen wir uns über Ihre Nachricht an: Christian Verlag, Postfach 40 02 09, D-80702 München oder per E-Mail an lektorat@verlagshaus.de.

Bildnachweis

Umschlag Vorderseite: Wolfgang Schardt; Klappe vorne: Marion Montoro; Rückseite (v.l.n.r.): Coco Lang, Coco Lang, Wolfgang Schardt; Klappe hinten: B and E Dudzinscy

Innenteil Stockfood: Jerome Bilic: 73; Barbara Bonisolli: 78; Maria Brinkop: 77; Nikolai Buroh: 96; Rua Castilho: 79; Liv Friis: 67; Gallo Images Pty Ltd.: 16, 17, 18, 19; Magdalena Hendey: 41, 44, 53, 71; Jo Kirchherr: 40, 54, 64, 75, 99, 102, 103; Coco Lang: 4, 35, 43, 82, 97; Marian Montoro: 105; Jane Saunders: 91; W olfgang Schardt: 24, 27, 31, 33, 34, 37, 39, 45, 47, 51, 57, 59, 60, 61, 65, 72, 76, 83, 85, 89, 95, 101, 106; Clive Streeter: 87; Martina Urban: 98; Margouillat Photo: 23; Michael Wissing: 22, 28, 29, 50, 55, 68, 69, 80, 81, 86, 90, 104, 107; Shutterstock: Africa Studio: 10 oben links; bitt24: 6, 9 oben links, 9 oben rechts; Casanisa: 14 D and J foodstyling: 11 unten rechts; Sony Ho: 10 unten; Brent Hofacker: 20; Bernd Juergens: 8 unten rechts; Yevgeniya Shal: 11 unten links; thaumare0pe: 10 oben rechts; VICUSCHKA: 12; A. Zhuravleva: 8 unten links; Letterberry: 48/49; Fotokostic: 62/63; visivastudio: 92/93

Unser komplettes Programm finden Sie unter www.christian-verlag.de

Die Deutsche Nationalbibliothek verzeichnet diese Publikation in der Deutschen Nationalbibliografie; detaillierte bibliografische Daten sind im Internet über http://dnb.d-nb.de abrufbar.

1. überarbeitete Auflage 2018

ISBN 978-3-95961-025-4